平凡社新書
921

黒い同盟
米国、サウジアラビア、イスラエル
「反イラン枢軸」の暗部

宮田律
MIYATA OSAMU

HEIBONSHA

黒い同盟　米国、サウジアラビア、イスラエル●目次

中東周辺地図
ヌルスルタン（アスタナ）
カザフスタン
カスピ海
ウズベキスタン
ビシュケク
タシケント
キルギス
トルクメニスタン
ドゥシャンベ
中華人民共和国
アシガバット
タジキスタン
テヘラン
カブール
バグダッド
イラン
アフガニスタン
イスラマバード
アリ・アルサーレム基地
イラク
クウェート
クウェート
アル・ウデイド基地
パキスタン
デリー
バーレーン
カタール
マナーマ
ドーハ
リヤド
アブダビ
アル・ダフラ基地
マスカット
アラブ首長国連邦
サウジアラビア
オマーン
インド
イエメン
スムライト基地
サナア
アラビア海
スリランカ
ソマリア
モルディブ
0
1000km

N
ドイツ
ポーランド
ロシア連邦
キエフ
チェコ
パリ
ウクライナ
フランス
ルーマニア
イタリア
ブカレスト
ブルガリア
黒海
ローマ
スペイン
アンカラ
ギリシア
トルコ
アルジェ
チュニス
地中海
レバノン
シリア
チュニジア
ベイルート
ダマスカス
トリポリ
イスラエル
エルサレム
アンマン
ヨルダン
カイロ
プリンス・ファイサル基地
アフマド・アル・ジャービル基地
キング・ハリド軍事都市
ダーラーン基地
アルジェリア
リビア
エジプト
紅海
スーダン
マリ
ニジェール
チャド
ハルツーム
エリトリア
ンジャメナ
ジブチ
ナイジェリア
アブジャ
南スーダン
アディスアベバ
エチオピア
中央アフリカ
カメルーン
ジュバ
バンギ

はじめに

二〇一八年一〇月、トルコ・イスタンブールで、サウジアラビア人記者ジャマル・カショギ（ハーショグジー）氏（当時五九歳）が殺害された。

カショギ氏は「ワシントン・ポスト」紙などにサウジ王室や政府に批判的な記事を寄稿していたが、トルコ情報筋によれば、イスタンブールのサウジアラビア総領事館を訪れた際に殺害され、その遺体はバラバラにされて搬出されたか、酸で溶解されてしまったと見られている。

「ワシントン・ポスト」で明らかにされたCIA（米中央情報局）のリーク情報によると、殺害はサウジアラビアのムハンマド皇太子と、その弟のハーリド駐米大使によって計画されたものだという。ムハンマド皇太子は、彼の信頼できる一四人のアドバイザーたちに、殺害の前後に一四件のメールを送った。CIAのジーナ・ハスペル長官がムハンマド皇太子の冷酷なメンタリティーに不安を抱いていると語ったという報道もある。

サウジアラビアの検察当局はカショギ記者殺害で、五人が事件に関与したとして死刑を求刑したが、ムハンマド皇太子は関わっていなかったと説明した。しかし、彼が殺人を命じたという音声データなどの証拠を握っているとされるトルコのエルドアン大統領は「殺害命令がサウジ政府の最高レベルから出た」という見解を示し、音声をサウジや米英独仏の欧米諸国に提供した。

エルドアン大統領は、ムハンマド皇太子の関与を国際社会に印象づけたが、米国のトランプ大統領は、一八年一一月二〇日、カショギ記者の事件にムハンマド皇太子が関与したかどうかにかかわらず、サウジアラビアがイランとの戦いにおいてきわめて重要な同盟国であり、また巨額の武器輸出相手国であること、原油価格安定のための役割があることを強調し、ムハンマド皇太子の責任を追及せず、サウジに制裁を科す考えは微塵《みじん》もないことを明らかにした。

このトランプ大統領の姿勢に、米国とサウジアラビアの特殊な関係が表れている。自由や民主主義、人権を重んずる米国がカショギ記者殺害に見られるような、サウジ国内の人権問題、あるいは二〇一五年三月から開始された非人道的なイエメン空爆について批判することはない。

一一月二二日、トルコのニュースサイト「ヒュリエット」は、サウジアラビアのムハンマド皇太子が「できるだけ早くカショギを黙らせろ」という音声記録を米国CIAが保有していると書いた。

トルコでムハンマド皇太子のカショギ記者殺害事件への関与に関する情報が小出しにリークされたのには、サウジアラビアに揺さぶりをかけるトルコ政府の思惑がある。議会制度の中でイスラム主義の実現を目指してきたエルドアン大統領は、二〇一一年の「アラブの春」後のエジプト総選挙で多数派を構成したムスリム同胞団（一九二八年に成立したイスラム主義組織）を支持した。

エルドアン大統領は、ムスリム同胞団をカルト教団と見なし、王政に対する重大な脅威と考えるムハンマド皇太子をサウジ内政から排除することを目指している。王政のサウジアラビアは民主主義を嫌い、ムスリム同胞団やエルドアン大統領のように議会制度でイスラム主義を実現する発想を特に警戒している。

他者への干渉を戒めるイスラム

米国CNNは、一八年一〇月中旬、カショギ記者の失踪についてサウジアラビア政府が尋問中に手違いで死亡させたことを発表する準備をしていると伝えた。仮に手違いだとしても、彼がどのように死亡したのかが問題であり、拷問中に死に至ったとすれば、サウジアラビア政府への批判の言論を許さないムハンマド皇太子の姿勢が露骨に示されたことになる。サウジアラビアが中心になって二〇一七年六月に断交したカタールの衛星放送局アルジャジーラの閉鎖を要求したこともある。アルジャジーラはサウジの人権侵害を批判してきたが、サウジは自国にとって不都合な報道は断じて容認しない姿勢を見せているのだ。

サウジアラビアはメッカ（マッカ）、メディナ（マディーナ：預言者ムハンマドが最初にイスラム共同体を築いたところ）というイスラムの二大聖地を抱え、イスラムの盟主を自任するが、しかし言論の自由の圧殺はイスラムの教義とは相容れない。イスラムでは、信徒の間の「協議（シューラ）」を重んじ、クルアーンの中には「シューラ章（第四二章）」があるくらいである。

「主には、よくお応えし、礼拝を守り、どんなこともたがいに協議のうえにとりきめ、われらが与えた糧のうちからよく施しをする」

（クルアーン第四二章三八節）

「自らとは関わりのないことに干渉しないことは善行であり、倫理にかなっている。他人に干渉してはならない。イスラムの教えから預言者ムハンマドも彼と関係のないことには介入しようとしなかった」

ティルミズィー（八二四〜八九二年、ハディース〔ムハンマドの言行録〕学者）

このように、イスラムでは他者に対する干渉をも戒めているが、カタールにアルジャジーラの閉鎖やイランとの外交関係の縮小を求めたり、二〇一七年一一月にサウジアラビア訪問中だったレバノンの首相に辞任表明を強要したりすることはイスラムの教義からも正当性を得られるものではない。

人道危機をもたらすサウジのイエメン空爆

二〇一八年六月、サウジアラビアとUAE（アラブ首長国連邦）は、紅海に面するイエメンの港湾都市フダイダへの攻撃を強化し、それが一五年三月から始まったイエメン戦争の転換点になると訴えていたが、目に見える成果はまるで見られなかった。サウジのムハンマド皇太子はイエメンで勢力をもち、実質的に首都サナアを支配するシーア派武装集団ホーシー派がイランの支援を受けていると考え、イエメンに対する執拗な攻撃を行っている。

サウジアラビアは過去にアラブ・イスラエル紛争や湾岸戦争に三〇〇〇人ほどの兵力を派遣したことがあるが、同国主導で他国に軍事介入したことはない。十分な地上兵力がないために、イエメン攻撃は空爆が中心になっているが、その出口は見られず、おびただしい数の市民の犠牲をもたらすなど、アラブの最貧国の人道的危機を招くばかりである。

国連食糧農業機関（FAO）、国連児童基金（ユニセフ）、世界食糧計画（WFP）は、一八年一二月八日に共同で声明を発表し、「世界最悪の人道危機の中、二〇〇〇万人ものイエメン人が満足に食べ物を手に入れられない状況にある」「（イエメンでは）すでに一五九〇万人が空腹で目を覚ましている」と世界に向けて注意を喚起した。

空爆は貯水池など水道施設も標的にするため、一八年一〇月現在で一六〇〇万人の人々が深刻な水不足に見舞われている。女性や子どもたち、老人など弱い立場にある人々が犠牲になったり、飢餓状態に置かれたりしている。

FAOは二〇〇九年の時点で、イエメンが世界で最初に地下水が枯渇する国になると予測していた。イエメンでは家計の三割が水道代に費やされ、子どもたちは遠隔な場所に赴いて繰り返し水を運ぶために、学校にも行けず、同様に水汲みの行き帰りに女性たちが性被害にあう例も報告されている。サウジアラビアが空爆を行うホーシー派と、サウジを支援する勢力はそれぞれの側が水を獲得することを妨害し、水不足をいっそう深刻なものにしている。

また、水不足はコレラの蔓延をもたらし、世界保健機関（WHO）によれば、二〇一七年四月から一八年一〇月までに一〇万人がコレラに感染し、二三〇〇万人が死亡したという。一七年には一七〇〇万人の人々が基本的な医療サービスを受けられず、医療施設で稼働するのは全体の四五%にすぎない。

一八年一一月二六日に発表された米国の世論調査では、七五%の人々がイエメン戦争に反対し、五七%が米国のサウジアラビアに対する武器売却に反対している。同年一二月二八日、「ニューヨーク・タイムズ」は、スーダンがサウジの要請によってイエメンに送り込んでいる民兵のうち二〇~四〇%が一三~一七歳の少年兵であることを伝えた。

先にふれたように、サウジアラビアは地上軍をイエメンの前線に送らず、空から無差別な攻撃を行い、人道危機をもたらしている。地上での戦いはスーダンなど他国に任せているが、スーダンは年間一人あたりGDP(国内総生産)が九九二ドルの貧国で、一人あたりGDPの低さでは世界第二八位である(ちなみに一位は自衛隊が送られた南スーダンの二四六ドル。「ビジネスインサイダー」一八年六月六日付記事)。

スーダンから送り込まれているのは、ジャンジャウィード(ダルフール地方のアラブ人民兵組織)であり、民兵組織の派遣は一五年一〇月から始まったと見られている。一九年四月にクーデターで失脚したスーダンのオマル・バシール元大統領は、イエメンに派兵される一〇〇〇人の民兵につき、二億ドルをサウジアラビアなど湾岸諸国から受け取ったとされる。スーダンはインフレが深刻で、一八年一二月にスーダンの「アラブの春」とも形容される反政府デモが発生し、バシール大統領の独裁体制がクーデターで倒されるなど苦しい経済状態にある。

サウジアラビアのムハンマド皇太子は、中東湾岸地域での覇権の掌握を目指したが、カショギ記者の事件によって古代ギリシア神話に登場するイカルスのように、その権威は大きく失墜した。イカルスは蠟《ろう》で翼をつくって飛行できることを喜んだものの、調子に乗って太陽に近づきすぎたために、蠟が溶けて、墜落死した。この国際社会での非難にさらされ、孤立するイカルスを必死で支えるのが米国のトランプ政権である。

「向こう見ず」のムハンマド皇太子

サウジアラビアでは、初代国王であるアブドゥル・アズィーズの男系の子孫が王位を継承することが定まっている。一九五三年に亡くなったアブドゥル・アズィーズ初代国王には四五人の息子がいたため、二代目から二〇一五年一月に即位した七代目サルマン国王まで、六代の国王はすべて初代国王の息子たちが即位してきた。サルマン国王即位の直後の四月に副皇太子に就任したムハンマド（現皇太子）は第二副首相を兼ね、王位継承の有力者と見られるようになった。

八〇歳を超えるサルマン国王は認知症を患っているともいわれるが、ムハンマド皇太子は、サルマン国王のファフダ第三夫人から生まれた。サルマン国王の即位にともない、一五年一月に国防相と副皇太子を兼任するようになったが、これらのポストはいずれもサルマン国王が経験したものだ。

ムハンマド皇太子には「向こう見ず」という評価がつきまとい、また副皇太子となった時には、一九八五年にアラブ人初の宇宙飛行士となり、高い教養をもち、理性的とされるスルタン王子（異母兄）と比較対照された。初代国王アブドゥル・アズィーズの息子の世代が国王になる時代が終わると、約一万五〇〇〇人いる王族の間で権力闘争が行われ、それがサウジアラビア政治の不安定をもたらすということはかねてから指摘されていた。

サウジアラビアは、一九七九年のイスラム革命によってイランの王政が打倒されたという危機感から米欧諸国に依存する政策をとり、また革命の指導者ホメイニがサウジを「拝金のイスラム」と形容し、イスラムは王政とは矛盾すると主張したことなどで、イランを敵視する政策をイスラエルとともにとり続けてきた。イランは、イスラムの聖地エルサレムを占領するイスラエルの解体を唱えるが、それがイスラエルのイランに対する警戒となっている。サウジアラビアのイランと対立する姿勢は米国内の対イラン強硬派の目標にもかなうものだった。

トランプ米大統領とホワイトハウスで会談するムハンマド皇太子。2017年３月14日（AFP＝時事）

米国内には、一九七九年から八一年にかけてイランの米大使館が占拠され、大使館員が人質になったり、八〇年代にレバノンで親イランのシーア派民兵組織が米海兵隊の兵舎に自爆攻撃したりした記憶からイランに反感をもつ保守派も少なくない。

サウジアラビアは、人権侵害、女性の権利の制限、政治腐敗などが国際社会で指摘されてきたが、にもかかわらず米欧諸国にとってこの国の重要性が低下しなかったのは米欧の軍需産業にとって重要な顧客になってきたからだ。サウジアラビアは石油から得られた収入を軍備の増強に注ぎ、米欧製の最新鋭の武器の購入に費やしてきた。二〇一七年に就任したトランプ米大統領が最初の訪問地として選んだのがサウジアラビアで、彼はサウジとの一二兆円の武器売却計画を誇り、米国の雇用を確保したと胸を張った。

二〇一一年の「アラブの春」を契機とするシリア問題では、サウジアラビアはずっとアサド政権の打倒を考えてきたが、IS（イスラム国）の台頭によって、米欧諸国の目標はアサド政権やイランとの妥協を含めたシリア問題の政治的解決となった。ISの登場以前は、アサド政権を支えるロシア、イラン、イラク、中国と、反政府勢力を支援するサウジアラビア、ペルシア湾岸アラブ諸国、トルコ、米欧諸国という構図だったが、米欧諸国はISを殲滅《せんめつ》するためには、アサド政府軍との協力も必要と考えるようになった。

サウジがイランを疎んじる背景

サウジアラビアは二〇一四年一一月から一九年初めまで石油の増産を行っていたが、これは経済的には米国のシェール・エネルギーの開発を利益のないものにし、その目標を挫折させ、政治的にはアサド政権を支えるロシア、またイランを経済的苦境に置くということを図ったものだった。

シェール・エネルギーは、従来は掘削《くっさく》が困難と考えられていた地下二〇〇〇メートルより深くにある頁岩《けつがん》（シェール）層から採れるもので、一九九〇年代後半から新しい採掘技術によって一気に開発が進んだ。これによって米国は二〇一二年に世界最大の天然ガス生産国となり、また一四年にサウジアラビアを抜いて世界一の原油生産国となった。

イランはサウジの石油増産の思惑に挑戦するようになり、経済制裁が解除されると、およそ日量百万バーレルの増産を目指すようになった。増産による石油価格の低迷によって、サウジやロシアだけでなく、イラン自身も経済的困難に直面するようになった。二〇一五年一〇月、IMF（国際通貨基金）は原油安が続けばサウジアラビア財政が五年以内に破綻することになると予測したほどで、核合意によるイラン原油の国際市場の復活は経済的にもサウジアラビアがイランを疎んじる背景となった。

サウジアラビアは二〇一六年一月初頭に、シーア派の聖職者ニムル師などを処刑、イランと断交し、他のアラブ諸国にも従うように要請した。イランとの断交後に、サウジアラビア軍機はイエメンの首都サナアのイラン大使館も空爆し、損害をもたらした。イエメン空爆などによる軍事費の支出で財政危機に瀕したサウジは、国営石油会社であるサウジアラムコの株式の上場、国有地の売却、また教育や医療の民営化なども視野に入れるようになった。

それでもなお、米国はサウジに兵器を売り続ける一方で、同国の政治・社会の微妙な変化には関心や注意を払っていないように見える。

米国は冷戦時代、サウジアラビアと王政のイランを中東地域の二つの軸としていたが、王政のイランは親米的政策や、国民の福利とは関係のない米国からの大量の武器購入、王族の奢侈《しやし》、政治腐敗、欧米文化の浸透などが、宗教界やバザール商人などの保守層の反発を買い、結局革命に至ってしまった。

米国はイラン政策で失敗した過去を、サウジアラビアとの関係において教訓にしていないかのように見える。

米国にとってのサウジの戦略的重要性

冷戦時代、米国にとってサウジアラビア、イラン、トルコは中東地域における西側の同盟国であり、親ソ的なスタンスをとったイラクやシリアと対抗する上でも重要な国であった。米国が後ろ盾とならなければ、サウジがソ連の影響下に入ってしまうという恐懼《きょうく》もあったし、サウジが無神論の社会主義を奉ずるソ連を嫌っていたことは、米国にとっては都合のよいことだった。

一方、サウジアラビアは、一九四八年と一九七三年の中東戦争の際に米国の同盟国イスラエルと戦ったことがあるが、兵力が少数であるうえに、目立った軍事行動もなかったことで、その後の米国との同盟関係に支障が生じなかった。また、六〇年代からエジプト、南イエメン（当時）、リビアなど親ソ的なアラブ諸国やイスラエルとの対抗上、巨額の最新鋭兵器を米国から購入する姿勢をしきりに見せ、米国の武器市場として潤沢な石油マネーを駆使して高額な兵器を購入するので、米国の軍産複合体にとっては、同国は魅力を感じざるをえない国であった。

そして、八〇年代、米国はアフガニスタンでソ連軍と戦うムジャヒディン（イスラムの聖なる戦士たち）に武器や資金を提供し、義勇兵を送り込むサウジアラビアを貴重な同盟国と感じていたに違いない。九〇年八月にサダム・フセインのイラクがクウェートに侵攻すると、さらに南下してサウジ領内にも攻め込むのではないかと危惧し、王政の同意を得て、その領内に五〇万人の兵力の米軍を駐留させた。

一九八〇年九月に、サダム・フセインのイラクが革命で反米国家となったイランに侵攻した時には米国は非難することはなく、イラン・イラク戦争中におけるイラクの化学兵器使用も黙認したが、クウェートやサウジアラビアは、米国にとって、敵対国となったイランとは異なる戦略的重要性をもっていた。

トランプ政権とサウジの蜜月

二人の米大統領を輩出したブッシュ・ファミリーは、サウジアラビアの銀行家で投資家のハーリド・ビン・マフフーズ（一九四九〜二〇〇九）とも親交があり、ブッシュ・ファミリーの選挙を支えた投資会社カーライル・グループにも、マフフーズの子どもたちが投資を行っていた。マフフーズは、オサマ・ビンラディンの兄のサーレム・ビンラディンを介して、オサマのアラブ義勇兵の組織やアルカイダに献金をしていたと見られている。

一九八〇年代から二〇年余りにわたって駐米大使を務めたバンダル王子は、「バンダル・ブッシュ」の異名をとるほどブッシュ・ファミリーと親密な関係にあり、サウジアラビアの脅威であったサダム・フセインを排除する戦争を提唱し続けていた。

その通りにイラク戦争でフセイン体制は崩壊したのだが、サウジアラビアは、イラク戦争によってシーア派主体の政権ができ上がると、イラクにシーア派のイランの影響力が浸透したと考え、今度はイランを極度に警戒するようになる。

また、オバマ米政権が「アラブの春」で、サウジが長年親密な関係を保っていたエジプトのムバラク大統領の退陣を促すと、米・サウジ関係は冷え切るようになる。さらに、サウジアラビアが打倒を考えるシリアのアサド大統領にオバマ政権が断固とした措置を講ずることがなかったことにも苛立ちを募らせた。

オバマ政権の米国は、イエメン内戦に介入するサウジを支援したが、イラン核合意に調印するなどサウジアラビア王政に不安を与える政策をとった。二〇一五年にサウジのアブドラ国王が亡くなり、サルマン国王が即位し、その息子のムハンマドが国防相に就くと、サウジアラビアは、イランとの対立をいっそう強調するようになり、シリアではスンニ派の過激な武装集団を支援するようになるなど急進的姿勢が顕著となった。

オバマ政権時代にもサウジアラビアへの大量の武器売却が行われたが、ウィキリークスによると、アブドラ国王はイランに対する攻撃を米国に促したものの、オバマ政権がそれに応ずることはなく、またオバマ政権のヒラリー・クリントン国務長官は、サウジアラビアによる各地の武装集団・過激派に対する資金や武器の供給を懸念していた。

ところが、トランプ政権になると、オバマ政権が調印したイラン核合意から離脱するなど、サウジアラビアの目標にかなった政策をとるようになったし、ムハンマド皇太子とトランプ大統領の娘婿のジャレッド・クシュナーが「蜜月」とも形容される親しい関係を築くようになった。トランプ大統領が駐イスラエルの米国大使館をテルアビブからイスラムの聖地であるエルサレムに移転させたり、エルサレムがイスラエルの首都だと宣言したりしても、アラブ・イスラムの国であるサウジアラビアが批判することはなかった。

トランプ政権になって反イランを基軸にサウジアラビアと米国、またイスラム世界が敵視してきたイスラエルとの三国による実質的な同盟関係ができ上がりつつある。トランプ大統領には、地域のヘゲモニーを獲得しようとするサウジのイエメン空爆やイラン、カタールとの対立などをあからさまに非難することが毛頭もない。

他方で、米国内ではサウジアラビアとの特殊関係を批判する動きも現れた。米国上院は、バーニー・サンダース議員らが中心になって二〇一八年一二月一三日、五六対四一の多数でサウジによるイエメン空爆への米国の協力停止を求めることを審議する決議を、党派を超えて成立させた。米軍はサウジ軍戦闘機に対する空中給油や、爆撃の標的に関する情報を提供してきた。

トランプ政権のポンペオ国務長官は、議員たちに次回選挙での落選をちらつかせて圧力をかけたが、効果がなかった。このポンペオ国務長官の姿勢こそがサウジアラビアと米国関係の「暗い一面」を表している。イランとイエメンのシーア派は、その解釈が根本的に異なるし、イランがイエメンのシーア派武装集団ホーシー派を支援しているというのは、サウジアラビアや米国内のイラン強硬派から出ている発言だ。

イエメン空爆への関与の停止を求める米国の議員たちは、サウジアラビアによるカショギ記者殺害に強い反発や嫌悪を抱いている。また、議員たちは、ムハンマド皇太子がカショギ記者の事件に関与したと結論づけたCIAのジーナ・ハスペル長官の議会での証言をトランプ大統領が拒んでいることを強く非難した。

『ゴルゴ13』が見た米国・サウジの特殊関係

漫画家のさいとう・たかを氏は、『ゴルゴ13』の中で中東の某国指導者が偽物だという設定で話を描いたところ、その国の大使館から抗議が編集部に来て驚いたことがあるそうだ。[*1]

『ゴルゴ13』第五八巻(「110度の狙点」、一九八三年二月発表)は、サウジアラビアが舞台のストーリーとなっている。国王顧問のザルマン王子の姪がニューヨークで暴行され、殺害される。ザルマン王子は、ゴルゴ13に犯人の殺害を要請するのだが、実は犯人は自分の息子で、王位継承順一位のナジャー皇太子だったことが判明する。そこで、ザルマン王子は、ハリージュ派(「不敬虔」と考えた者たちを殺害するハワーリジュ派なら実在するが)の刺客たちをニューヨークに送り、ゴルゴ13の暗殺を試みる。しかし、ゴルゴ13は、ハリージュ派の刺客だけでなく、ナジャー皇太子までも殺害する……。

当時のファハド国王やレーガン大統領など実在の人物も登場するが、たしかにサウジアラビア大使館が見たらクレームがつきそうな内容だ。

ザルマン王子の発言として、「我が国が昨年、米国政府より購入した兵器の総数は五五億ドル! 他を圧する世界一の購入国であります! その半分を、フランス、西ドイツにふり向けると通告しただけでレーガンの首は危うくなります……。大軍需産業と国防総省の産軍複合体が有する威力を彼は知り抜いているはずです！」というものがある。また、ザルマン王子はファハド国王に「万が一、イスラエルが核を使うハメに陥っても対象はイランであること!!」と進言する。

何やら現在のサウジアラビアへの武器売却に熱心なトランプ政権とカショギ記者殺害にまつわるムハンマド皇太子の姿勢がダブるような古くて新しいテーマであり、一九八〇年代前半の中東情勢や国際関係からこの地域がまるで変化していないようだ。

力ある腕とかぎ爪の力により
力無き貧者のかぎ爪を打ち負かすのは過ちである

サーディー『ゴレスターン』(第一章第一〇話)

このペルシア文学の詩人サーディーの言葉は、現在のサウジアラビアの人権侵害を批判するかのようである。サウジは暴力で言論を抑圧しようとする姿勢が顕著だが、これは言論の自由を保障する国連憲章にも違反する。自由や民主主義を標榜する米国がことあるごとにサウジを擁護するのは矛盾しているが、この同盟関係が今後、中東地域の大きな変動をもたらすことは十分考えられる。ムハンマド皇太子のサウジアラビアはカショギ記者殺害、あるいはカタールとの断交に見られるように、協議や対話よりも、力で秩序をつくるという姿勢が顕著だからだ。

日本は、隣国イエメンに爆弾を落とし、国の内外のメディアに不当な圧力をかけるサウジアラビアに、石油輸入の四〇%を依存している。この国の人権侵害や戦争、あるいはこの国が目指す中東の秩序にどう向き合うか、日本でも議論があってよい。

特に日本で米国との強固な同盟関係の維持を訴える政治指導者たちがいる限り、サウジアラビアと米国の「黒い同盟」には注意や配慮が必要だ。トランプ政権の米国、ムハンマド皇太子が主導するサウジアラビア、また強硬なネタニヤフ首相のイスラエルは反イランで緊密に連携しつつある。

イランは二〇一五年に成立した核合意を順守しているとIAEA（国際原子力機関）も再三確認しているが、それでもこの三国は、イランは信用できないと言い張り続けている。トランプ政権は、一九年五月に、イランの軍事的脅威があるとして、エイブラハム・リンカーンなど空母打撃群をペルシア湾に派遣し、またB52戦略爆撃機もカタールの米軍基地に展開させ、ペルシア湾地域の緊張はいやが上にも高まるようになった。

この三国に同調する国はきわめて少なく、これら三国の主張や行動は不合理と見えるが、それでも世界に重大な影響を及ぼす同盟である。現在の国際社会、あるいは中東地域の闇をこの「黒い同盟」関係から考え、何がこの地域や国際社会に重大な不安定をもたらしているのか、また日本はイスラエルも含めたこの同盟にどのように対応していけばよいのか、本書ではその理解のための素材を提供したい。

第一章
サウジ人記者殺害事件から露呈した闇

トルコ・イスタンブールにあるサウジアラビア総領事館前で、行方不明になったジャマル・カショギ記者のポスターを手に抗議デモを行う人たち。2018年10月（共同）

「カショギを何とかしろ」

サウジアラビアが人権抑圧を行う国であることは、アムネスティ・インターナショナルといった人権擁護団体のレポートなどで国際社会の一部では知られていたが、二〇一八年一〇月、トルコ・イスタンブールで、「ワシントン・ポスト」などに寄稿していたジャマル・カショギ氏が殺害されると、欧米など国際社会から激しい反発と怒りの声がわき上がった。カショギ氏がサウジアラビア国内ではなく、トルコという外国で殺害され、またムハンマド皇太子の政治姿勢への批判を英語で、世界に向けて発信し、世界的にも著名なコラムニストであったことも国際社会から重大な関心をもって見られる事件となった背景であった。

サルマン国王の下で政治的実権を掌握するムハンマド皇太子はイエメン空爆、カタールとの断交など、中東地域におけるイランとの覇権争いのなかで、影響力のあるカショギ氏の言論活動がよほど不都合に思えたに違いない。

ムハンマド皇太子には、世界各地から投資を集め、石油がなくても、サウジアラビアの持続的発展が図れるようにしたいという願望があったが、それを円滑にするために行われたであろうカショギ氏への言論封じが、皇太子自身を含め、サウジアラビアの国際的な評価やイメージを大いに低下させることにもなった。事件後、ムハンマド皇太子が「カショギを何とかしろ」と側近たちに語ったことも報じられ、彼の意向によって事件が実行されたことを世界に強く印象づけた。

二〇一八年一〇月六日、トルコ警察は、カショギ記者がイスタンブールのサウジアラビア領事館で殺害されたと結論づけた。あるトルコ政府当局者は一五人前後のサウジアラビアの特殊部隊がサウジ領事館にカショギ氏が訪問した前後に入ったことを指摘している。

カショギ記者は、二〇一七年六月に即位したムハンマド皇太子が人権活動家や政府に批判的な説教師を逮捕するなど、その強硬的な態度を見て、自らの身の危険を感じたために、一七年九月にサウジアラビアを離れ、米国で暮らしていた。トルコ人女性との婚姻に必要な彼の前妻との離婚を示す書類を受け取るために、領事館を訪れたというから、彼の訪問時間などはサウジアラビア政府当局者には事前に知られていたのだろう。領事館の外で待っていたカショギ氏のフィアンセが一一時間待っても、彼が現れることはなかった。

トルコ政府がカショギ氏の殺害について確証をもっていなければ、サウジアラビアとの関係を大きく損なうであろう事件を公にすることはなかった。サウジアラビアからすれば、自国が断交するカタールをトルコが支持したり、自らが「テロ集団」と決めつけるムスリム同胞団とトルコの親密な関係、さらにサウジアラビアが敵対するイランとトルコが関係を改善していることを苦々しく思っている。

いずれにせよ、中東地域における大国の対立はこの地域の不安定要因になることは間違いなく、イエメン空爆やカタール断交、またイランとの対立を主導する向こう見ずで、強硬なムハンマド皇太子の命令がトルコ警察の発表通りだとすれば、トルコの主権を侵害する形で行われたことになる。

イスラムの聖典クルアーン（コーラン）は、他人を監視したり、また許可なく他人の住居に侵入したりすることを禁じ（第二四章二七節、第四九章一一節）、拷問を禁じ（第三三章五八節）、また殺人を厳に戒めている（第五章三二節）。仮にトルコ警察の主張通りだとすれば、メッカとメディナというイスラムの聖地を抱え、イスラムの擁護者を自任するサウジ政府は背教行為を行っているということになる。

「ごろつき国家」と同じ

人権団体の「ヒューマン・ライツ・ウォッチ」は、二〇一八年一〇月一二日、サウジアラビアのムハンマド皇太子は、カショギ氏の現状に関するあらゆる証拠や情報を開示すべきだという考えを明らかにした。

同団体のサラ・リア・ウィットソン中東・北アフリカ局長は、仮にサウジがカショギ氏の失踪に関与しているのならば、米国、イギリス、EU、またその他のサウジの同盟国は、その行動様式が「ごろつき国家（rogue state）」と同じである国との関係を見直すべきであると述べた。また、サウジアラビアへの武器売却停止を呼びかけ、国連安保理の理事国は、安保理決議二一四〇号と二二一六号に従って、サウジのムハンマド皇太子や、イエメン空爆を行う「有志連合」の軍の司令官たちに対して制裁を科すべきだと主張した。

両決議は、イエメンの平和を脅かした者に対して経済制裁を科すものだが、これまで「有志連合」の側の責任を問うものではなかった。さらには、大がかりで、組織的な人権侵害を続けるサウジアラビアを国連の人権理事会から除名することを呼びかけ、ウィットソン局長は、カショギ氏の総領事館への入退に関する証拠を示していないサウジはまったく信用できず、サウジアラビアは事実を曖昧にしようとしていると語った。

すでに一〇月七日、トルコのエルドアン大統領の顧問であるヤスィン・アクタイ氏は、ロイター通信の取材に対し、カショギ氏は総領事館の中で殺害されたと信じているとコメントした。また「ワシントン・ポスト」は、一〇月九日に米国の諜報機関がカショギ氏拘束の意図を表すサウジアラビアの通信を傍受したことを明らかにした。

領事関係に関するウィーン条約（一九六三年）の五五条二項には「領事機関の公館は、領事任務の遂行と相いれない方法で使用してにならない」とあるが、仮に領事館が拷問や殺害に利用されたならば、この国際法にも違反したことになる。四一条一項には、「領事官は、抑留されず又は裁判に付されるため拘禁されない。ただし、重大な犯罪の場合において権限のある司法当局の決定があったときを除く」とある。

ハディースが戒める「世界一の石油輸出国」

「預言者ムハンマドは言った――本当にあなたの血、財産、名誉は侵すべからざるものである」
（『サヒーフ・アル＝ブハーリー』）＃1739）

『サヒーフ・アル＝ブハーリー』は、イスラムのスンニ派で用いる六つのハディース集のうちの一つである。「ハディース」とは、預言者ムハンマドの言行を集めたもので、クルアーンに次ぐイスラムの第二の聖典とも言うべきものだ。引用した『サヒーフ・アル＝ブハーリー』の一節からはカショギ氏殺害のことをどうしても思い浮かべてしまう。

サウジアラビアは世界一の石油生産国ではないが（世界第二位、一位は米国）、世界一の石油輸出国であるゆえに、世界経済にとって重要である。米国やロシアもサウジアラビアと同様な量の石油を産出するが、多くが国内向けに消費される。サウジアラビアは人口が少ないために（外国人労働者を除けばおよそ二〇〇〇万人）、輸出が可能になっている。[*2]

二〇一〇年代になってイラクやアフガニスタンでの戦闘が縮小する中で、サウジアラビアは米国の兵器産業にとって貴重な輸出先となっている。米国は、破壊力の大きい兵器を輸出し、それがサウジに実際に兵器を使用したいという誘惑をもたらし、イエメン空爆で多数の犠牲や、大規模の飢餓、コレラなどの疾病を発生させることになっている。

破壊や殺戮をもたらす軍需産業を民需に転換させる発想、たとえば生産的な次世代エネルギーの開発などの分野に転換するといった努力が世界の紛争を減らしたり、紛争を悲惨にさせなかったりするためには求められるが、米国政府にも、経済界にもそのような自覚は見られない。結局、米国は兵器の輸出先をサウジアラビアに継続して求めていくだろうが、それが中東イスラム地域の不安定化を固定させることになる。

トランプ政権はサウジアラビアとイランの対立を煽《あお》っているが、中東でさらなる混乱が起これば、ヨーロッパに難民がいっそう流入することになり、極右のナショナリズムをさらに台頭させることになる。米国による中東への大量の武器供与によって、過激な武装集団はより多くの武器を手にすることになり、過激派の勢力伸長をもたらす。そして結局ブーメランのように、米国の安全保障を損なう結果となって戻ってくる。

サウジアラビアは、中東イスラム地域で民主主義に反するふるまいをし、二〇一三年にエジプトの軍事クーデターを支持し、シリアでは民主的な勢力よりも過激な「イスラム軍」を支援、またチュニジアの民主化を好まず、さらにトルコやイランとも反目するようになり、米国の民主主義、人権、自由といった理念とは異なることを行っている。

「百万人の死はもはや統計である」

「一人の人間の死は悲劇だが、百万人の死はもはや統計である」

これはスターリン、あるいはナチス・ドイツ親衛隊中佐のアドルフ・アイヒマンが言ったともいわれている。どちらか判明しないが、スラヴ文学者で、東京大学教授の沼野充義氏の論考「悲劇と統計――スターリンは本当にそんなことを言ったのか?・」(東京大学 現代文芸論研究室論集『れにくさ』第二号)では、それについて解明が試みられている。

沼野氏はアメリカのロシア研究者のメーリングリストSEELANGに投稿し、本当にスターリンが言ったのかを尋ねたり、あるいは日本のドイツ文学者に問い合わせたりするが、明確にどちらの発言であるという回答は得られなかった。しかし、似たような表現はあるようで、たとえば一八世紀イギリスの詩人エドワード・ヤングには「一人を破壊するのは法によれば殺人だが(……)、何千人も殺害すれば不滅の名声を得られる」(Love of Fame)というものがあり、また一九二五年にクルフ・トゥホルフスキーという作家が、フランス人外交官の機知の例として「戦争? さほど恐ろしいものとも思えませんね!

確かに一人の人間の死はカタストロフです。しかし、数十万の死ともなると統計ですよ！」という言葉を書き記している。しかし、トゥホルフスキーはその外交官の名前も出典も挙げておらず決定打とならなかった。

カショギ氏の事件はその猟奇性や、カショギ氏が米国で言論活動をしていたことで世界から注目されているが、しかしイエメン紛争の犠牲者たちは忘れられているかのようだ。サウジアラビア主導のイエメン空爆は、多数の犠牲者を出し、深刻な飢餓をもたらしている。まさに「一人の人間の死は悲劇だが、百万人の死はもはや統計である」の世界である。また、イエメン紛争では少なくとも二七人のイエメン人ジャーナリストたちが犠牲になった。

米国のトランプ大統領は、自らに不利な報道に対しては「フェイク・ニュース」というレッテルを貼るが、この姿勢は自らに批判的な言論を頑なに圧殺しようとするサウジアラビアのムハンマド皇太子にある種の発想を与えたのかもしれない。

外務省より予算が多いサウジ情報機関

二〇一八年一〇月一九日、サウジアラビア政府は、国王令によってアフメド・アスィーリー総合情報庁（GID：The General Intelligence Diretorate）副長官やサウド・カフターニー上級顧問などムハンマド皇太子の最も近い政府高官たちを解任した。また、サウジの検察当局は、カショギ氏はイスタンブールのサウジ総領事館内で、殴り合いになっているうちに殺害されたと公表した。

具体的に誰と殴り合い、どのように死亡したのかも明らかにされず、にわかに信じがたい発表であった。『ニューズウィーク』誌などによれば、アスィーリー元副長官は、ムハンマド皇太子からカショギ氏を尋問するように命令を受けたが、誤って、あるいは故意に死なせてしまったという(ムハンマド皇太子の指示を誤解してとあるが)。

アスィーリー元副長官の階級は少将で、イエメン攻撃の「有志連合軍」のスポークスマンも務めるほどムハンマド皇太子の信頼が厚かった。アスィーリー副長官の解任を受けて、サルマン国王はカショギ氏殺害への関与が疑われるムハンマド皇太子に総合情報庁を再編する閣僚級委員会の委員長に就くことを命じた。疑惑の人物に疑惑の機関の再編を任せるのは、サウジアラビアの自浄能力が疑われる人事であり、副長官の解任はトカゲの尻尾切りのような印象でもあった。イスラムでは「イスティグファール」という神に赦しを請う、懺悔《ざんげ》の行いがあるが、自己の罪を真摯に悔いて、再び犯さないという誓いがなければ神の赦しを得られない。サウジ王政の姿勢は懺悔の心情からほど遠いところにあった。

サウジアラビアの総合情報庁は自国への脅威に関する国内外の情報を集める組織で、米国のCIAやイギリスのMI6に相当する政府の情報機関である。収集した情報は国王にも上げられてきた。潤沢な資金で活動し、外務省よりも予算が多いと見られている。米国のCIAとも連携、協力してきたが、その協力が有効でなかったために、サウジアラビア国内での米軍施設へのテロが発生し、また九・一一の同時多発テロを招いたという見方もある。

中東世界では、情報機関の活動がカショギ氏事件のように人権侵害をもたらすために、体制への憎悪となるケースがあり、イランの国王体制の場合は情報機関・秘密警察のSAVAKの拷問や反体制派の人物たちの殺害などが、イラン革命を招く重大な一要因となったが、サウジアラビアでも、国内外で人権抑圧の任務を担う総合情報庁が国民の王政への憎悪を招いていく可能性がある。カショギ氏殺害事件は、総合情報庁が国民の言動を厳格に監視し、国民の人権を侵害する任務を担っていたことを示すことになった。

サウジへの武器輸出を凍結したドイツ

カショギ氏殺害については、米国のトランプ政権のような例外はあったが、人権意識の強いヨーロッパ諸国はいっせいに反発した。ドイツのメルケル首相は、一八年一〇月二一日、ドイツがサウジアラビアへの武器輸出を凍結することを明らかにした。メルケル首相は、カショギ氏殺害を強く非難し、サウジアラビア当局者がいかに事件に関与したかを明らかにする必要があると語った。また、事件の詳細が明らかではない現状では武器輸出を停止せざるをえないと述べている。

さらに、ハイコ・マース外相は、サウジアラビアに対する武器輸出の凍結ではなく、停止を呼びかけ、環境保護・平和などを掲げる緑の党はサウジに対する恒久的な武器禁輸を主張している。ドイツは、サウジに対して一八年九月末までに四億一六〇〇万ユーロ（五三八億円程度）相当の武器売却を承認していたが、ドイツの武器輸出先としては、アルジェリアに次いで第二位だった。

ドイツの措置は当然といえば当然だったが、それ以前にイエメンを空爆し、多数の市民の犠牲をもたらしている国に武器を輸出すること自体に倫理上の問題があったことは言うまでもない。さらに、一〇月二二日にアルトマイヤー経済相は他のEU加盟国に対して、事件が究明されない限りは、ドイツと同様に武器輸出を停止するように呼びかけた。

ストックホルム国際平和研究所（SIPRI）によれば、武器を生産しておらず、軍の装備は外国からの輸入に頼らざるをえないサウジアラビアは、二〇一七年に六九四億ドル（七兆八二〇〇万円余り）相当の武器を購入した。こうした武器はイエメン紛争の悲劇を深刻にし、さらに中東の軍拡競争をもたらすとともに、より大規模な戦争を準備させるもの

米国、イギリスの武器輸出先（2013〜2017）

	1位	2位	3位
米国	サウジアラビア（18%）	アラブ首長国連邦（7.4%）	オーストラリア（6.7%）
イギリス	サウジアラビア（49%）	オマーン（14%）	インドネシア（9.9%）

出典：ストックホルム国際平和研究所（SIPRI）調査

である。二〇〇八年から一七年の間、サウジへの武器輸出は、米国、イギリス、フランスが上位三位で、いずれも国連安保理常任理事国だ（ちなみにドイツは五位）。

国連憲章前文には「国際の平和及び安全を維持するためにわれらの力を合わせ、共同の利益の場合を除く外は武力を用いないことを原則の受諾と方法の設定によって確保し」とあるが、欧米諸国による武器売却は国連創設の精神にも背くものである。

連帯意識が崩壊したサウジ王政

カショギ氏殺害事件で揺れたサウジアラビアは、一九三二年に誕生した比較的若い王政である。

アラブの歴史家・思想家であったイブン・ハルドゥーン（一三三二〜一四〇六年）は王朝の三世代論を説き、①強い連帯意識に支えられる第一世代、②奢侈と安寧から連帯意識が弱くなる第二世代、③完全に連帯意識が崩壊した第三世代という段階的な発展と崩壊の過程を説明した。ハルドゥーンが説く連帯意識の弱体化、あるいは崩壊という点は、サウジアラビア王政にも言い得ることだ。

カショギ氏殺害を受けて、かねてからサルマン国王を批判してきたドイツ在住のハーリド・ビン・ファルハーン王子は、サルマン国王が退位し、初代国王のアブドゥルアズィーズ・イブン・サウードの三一番目の息子で、英明なアフマド・ビン・アブドゥルアズィーズ王子（一九四二年生まれ）が王位に就くべきだと主張した。

アフマド王子は、初代国王が最も寵愛したスディリー家の女性ハッサとの間に生まれた七人の息子のうち最も若く、二〇一七年一一月に一一人の王子たちがムハンマド皇太子によって恣意的に逮捕される直前にサウジアラビアを離れて米国に移住した。ファルハーン王子によれば、サルマン国王がカショギ氏殺害の指示を出し、それをムハンマド皇太子が実行したという。

カショギ氏の事件で国際的な非難がサウジアラビアに集まる中、ハーリド・ビン・アブドゥッラー王子（初代国王の弟の息子、一九三七年生まれ）は、一〇月一一日、クウェートとカタールの良好な関係を断ち、クウェートからムスリム同胞団を追放するために「決意の嵐」作戦（二〇一五年に開始されたイエメン空爆の作戦名）を、クウェートに対しても行うようにサウジ国内に呼びかけ、サウジアラビアの強硬な姿勢を見せた。

ノルウェー・オスロの平和研究所「ＡＣＬＥＤ（the Armed Conflict Location & Event

Data Project)」は二〇一八年一〇月に、イエメン紛争の一六年一月から一八年一〇月までの間の犠牲者はこれまで報じられてきた一万人台ではなくて、五万六〇〇〇人だと報告した。これは市民と戦闘員を合わせた数だが、飢餓による死者と、空爆が始まった二〇一五年三月から同年一二月までの犠牲者は含まれていない。*3

「未開から文明が生まれて、ひろがり、そうして文明がいわば飽和状態に達すると、文明が野蛮をうみだす、いまわたしたちは野蛮の時代のまっただなかにいる」とは歴史学者の三木亘氏の説だが、未開の砂漠から生まれ、米国から購入した大量の兵器でイエメンの人道危機をもたらすサウジ王政のあり方は、金満となって野蛮の中にあるかのように見える。

カショギ記者が殺害される直前に語ったこと

カショギ氏殺害については世界各地から怒りや反発の声が上がり、カショギ氏を知るジャーナリストや映画俳優など著名人もムハンマド皇太子をはじめとするサウジアラビア王政の人権侵害を批判するようになった。

そのうちの一人、ルーラー・ジェブリール氏は、一九七三年四月にイスラエルのハイファで生まれ、エルサレムで育ったジャーナリストで、イタリアをベースに活動している。ジェブリール氏には、ジャマル・カショギ氏がイスタンブールで殺害される直前にインタビューを行ったが、その内容を二〇一八年一〇月二三日に報道番組「デモクラシー・ナウ」が公開している。公開が遅くなったのは、カショギ氏が殺害される恐れがあり、オフレコのインタビューだったからだという。ジェブリール氏の発言の主な内容は次の通りである。

「ムハンマド皇太子は王室に近かったカショギ氏を『裏切り者』と考えた。ムハンマド皇太子は国民に対して何でも行うことができると考えている。私がカショギ氏にインタビューしたのは、ムハンマド皇太子の実像を描く六〇分の特集をつくったからで、特にムハンマド皇太子を称賛する米国の議員たちに見てほしかった。ムハンマド皇太子を『改革者』と形容するのは、デーヴィッド・デューク（アメリカの白人国家主義者、反ユダヤ主義の陰謀論者、KKKの元幹部）を『人権活動家』と呼ぶようなものだ。

私はカショギ氏に一時間インタビューしたが、その中で彼は『皇太子がレバノンの首相を呼びつけ、逮捕し、辞任を強要したことには本当に衝撃を受けた。それはレバノンのヒズボラ（シーア派政治・武装組織）を挑発してイランとの戦争の口実を見いだすためのものだった』と語っている。

カショギ氏は、国際社会の圧力がサウジアラビア人や地域の人々をこの向こう見ずな皇太子から救うための唯一の希望であると語っていた。ムハンマド皇太子が改革に熱心な人物だとまったく思わず、彼の『崇高な言葉』は、欧米だけに向けられていたものであり、サウジアラビア、イエメン、カタール、レバノンの人々に対してはまったく異なったふるまいをしてきたと述べた。カショギ氏は、『アラブの春』の理念を信じていて、アラブの人々は民主主義、社会正義、尊厳に値すると確信していた。米国のトランプ政権は、CIAの情報をムハンマド皇太子に与え、彼はそれを政敵の逮捕や粛清に利用していたというのがカショギ氏の主張であった……。

「ムスリム同胞団のスパイ」呼ばわりされたショーン・ペン

カショギ氏殺害に激しい憤りを覚えた米国の俳優・映画監督のショーン・ペンには、『ミスティック・リバー』(二〇〇三年公開)、『ミルク』(二〇〇八年公開)でアカデミー主演男優賞を受賞した経験があり、また監督としても、『11'9"01/セプテンバー11』(一一人の監督による短編映画のオムニバス。二〇〇二年公開)などの作品がある。

ショーン・ペンは、イラク戦争開戦前に緊張が高まるイラクを二〇〇二年一二月に訪問し、病院に入院中の子どもたちを見舞ったり、湾岸戦争で破壊された水道施設を視察したりした。イラク戦争に批判的で、イラクを攻撃するには大量破壊兵器に関するより多くの情報が必要だと主張し、ブッシュ大統領がイラク人に不要に恐怖を与え、米国内のイラクに関する議論を不当に硬化させていると非難の声を上げた。

トランプ大統領が一八年一月にハイチ、エルサルバドル、アフリカ諸国を「肥だめのような国」と形容すると、ショーン・ペンは、「トランプ大統領は人類、思いやりの心、アメリカ国民の敵だ」と断言し、ハイチの人々の気高さを強調した。彼は二〇一〇年一月に発生し、犠牲者三〇万人とも推定されるハイチ大地震後の人道支援に尽力し、二〇一二年にはハイチの無任所大臣に任命されたこともある。

ショーン・ペンは、一八年一一月五日、カショギ氏が殺害されたイスタンブールのサウジアラビア総領事館の前でドキュメンタリー映画の撮影を行った。撮影はトルコ政府の同意と許可を得て、事件の事情に詳しいトルコ政府高官やカショギ氏のフィアンセにインタビューを行う予定であった。

これに対してサウジアラビアと同盟関係にあるエジプトのメディアは、ショーン・ペンがカタール、トルコ、ムスリム同胞団のスパイであると断定したが、サウジ政府はカショギ氏がムスリム同胞団のメンバーだとずっと主張してきた。ショーン・ペンがスパイ云々という主張はまったく荒唐無稽だが、人権意識が高い彼は、事件の真相を明らかにすることによって中東の政治状況の改善を考えている。著名人の活動が中東の人権状況に世界の目を向けさせ、国際世論に訴える力は決して小さくはない。

アマゾンCEOを脅迫した親サウジの米国メディア

二〇一九年二月七日、米国のアマゾン・ドット・コムのジェフ・ベゾスCEOは、「アメリカン・メディア（AMI）」の傘下にあるタブロイド紙「ザ・ナショナル・エンクワイアラー」から脅迫を受けたことを自身のブログの中で明らかにした。AMIの会長、デヴィッド・ペッカーはトランプ米大統領と親しい関係にあるといわれるが、ベゾスのブログには次のようなことも書かれ、ペッカー会長とサウジアラビアとの特別な関係が強調されている。

「トランプ氏が大統領になった後で、彼はデヴィッド・ペッカーの忠誠心に報いるために、ホワイトハウスでの夕食に招いたが、ペッカー会長はサウジアラビアの王族と重要な関係をもつ人物を連れてきた。その当時、ペッカー会長はサウジアラビアでのビジネスを考え、あるいはサウジアラビアからの投資を求めていた」

ペッカー会長は、サウジアラビアのムハンマド皇太子など王族と親しい関係にあるフランス人ビジネスマンであるカシー・グリン氏をホワイトハウスでの夕食に同行させた。ベゾス氏のブログでは、彼が不倫をしたことを示す写真をAMIが入手したことをベゾス氏の代理人に伝えるAMI代理人からのメールが紹介されている。

ベゾス氏がオーナーを務める「ワシントン・ポスト」は同紙に寄稿していたカショギ氏殺害事件についてサウジアラビア政府当局の関与を厳しく追及していた。トランプ大統領やサウジアラビアとも近いペッカー会長のAMIは、「ワシントン・ポスト」にムハンマド皇太子のカショギ氏殺害の関与に対する追及の手を緩めさせるためにベゾス氏を脅迫したことは容易に想像できる。

「ニューヨーク・タイムズ」紙は、一九年二月七日、傍受された通話からムハンマド皇太子が銃弾を使ってでもカショギ氏を黙らせることを側近に指示していたことを明らかにした。また、カショギ氏殺害について調査を行っている国連のアグネス・カラマール特別報告者は、二月七日、一月末から二月初頭にかけてトルコ・イスタンブールで行った調査の結果、トルコ政府がもつカショギ氏殺害の音声記録を聞いたことを明らかにした。殺害はサウジアラビア政府の高官によって計画され、実行されたことを示す証拠があるとも述べた。

トランプ政権は、サウジアラビアのムハンマド皇太子がカショギ氏殺害に関与していたかどうかを調査して報告することを、一九年二月八日を期限に議会から求められていたが、ついに報告することはなかった。議会の超党派議員たちは、トランプ大統領がムハンマド皇太子やサウジアラビアになんの政策も講じないことを見越して、二月七日、サウジアラビアに対する戦闘機、戦車などの兵器輸出を削減する法案を提出した。

ムハンマド皇太子の奢侈

二〇一八年三月、サウジアラビア政府は、シーア派の武装組織であるホーシー派がイエメンにおいて飢餓と人道危機をつくり出すために、人道支援物資の搬入を妨害していると主張したが、しかしホーシー派はイエメン国内にいる勢力であり、彼らが人道支援を妨害するとは考えにくいし、国連はサウジアラビアが支援物資のイエメンへの輸送を妨害していると報告している。

ムハンマド皇太子は女性の運転を解禁したが、イスラムへの「冒瀆」、魔術、姦通、同性愛に対する死刑は継続し、残酷な処刑形態である斬首は、イスラム国（IS）以上に行われているという指摘もある。ムハンマド皇太子は、イラン革命の指導者ホメイニ師をヒトラーになぞらえるが、彼が主導するサウジアラビアも独裁的な政治で、ジャマル・カショギ記者は、ムハンマド皇太子をロシアのプーチン大統領になぞらえ、サウジアラビアの「最高指導者」と形容した。

二〇一七年一一月、ムハンマド皇太子はサウジアラビアの他の王子などを、腐敗を理由に逮捕したが、しかし自身の腐敗については口を閉ざしている。ムハンマド皇太子は二〇一五年、フランス・パリ郊外のルーヴシエンヌにあり、「ルイ一四世の城」と呼ばれる豪邸を三億ドルで購入し、南フランスを休暇で訪れていた一六年一〇月にはロシア人が所有する全長一三四メートルのヨットを五億ドルで購入した。さらに一七年一一月にはレオナルド・ダ・ヴィンチの「サルバトール・ムンディ（救世主）」を美術作品としては過去最高の四億五〇〇〇万ドルで落札している。

サウジアラビアの財政は二〇一六年には前年の七一％にまで緊縮されたが、その一方でムハンマド皇太子の奢侈《しやし》は、サウジアラビアの国庫から拠出されている。

皇太子は一七年、「ニューヨーク・タイムズ」のインタビューに「政府と企業の汚職を厳しく取り締まっており、国内で二〇〇人以上を摘発した。わが国は一九八〇年代から現在まで、汚職によって多くの損害を被ってきた。専門家の推定によると、政府の年間総支出額の約一〇％が毎年、高官から位の低い役人までの汚職によって不正流用されている」と語っていたが、豪邸、ヨット、高級絵画、すべてが国民の福利とは関係のない彼自身の贅沢のために流用されている。

アルカイダの誕生をもたらしたもの

ムハンマド皇太子はヒトラーを否定的にとらえているが、しかしサウジアラビアの政府機関はヒトラー政権のように、反ユダヤ宣伝を繰り返してきた。

たとえば、二〇〇四年五月にサウジアラビアの軍機関紙である「イスラム兵」（Al-Jundi Al-Muslim, サウジ国防軍宗教局発行）は、「これまで世界で起きた革命、クーデター、戦争のほとんどは、ユダヤ人の暗躍による。これから起きる事件もそうである。ユダヤ人は、でっちあげのトーラ（聖書）とタルムード（ユダヤ教の聖典）、そしてシオン長老の議定書の指示を実行するための手段に訴える。この一連の文書は、彼等の目的即ち世界支配のために、非ユダヤ人の壊滅を命じているのである。……彼らは（非ユダヤ的）世界の抹殺を目的として、物質、文化そして精神世界の支配を企んでいる。彼らは土地、黄金を手中にし、銀行その他の金融機関を支配している」などと「シオンの議定書」などに見られるユダヤ陰謀論を展開してみせた。

ムハンマド皇太子は、一八年三月にイランがアルカイダの指導者たちを匿《かくま》っていると発言したが、米上院情報委員会のボブ・グラハム委員長は、二〇〇一年九月一一日の米同時多発テロ事件に関する〇二年の議会報告書の中で、サウジアラビアがアルカイダの実行犯たちを支援していたと述べた。八〇年代、アフガニスタンでの対ソ戦争でサウジがアラブ・ムスリムを支援したことが、オサマ・ビンラディンらのアルカイダの誕生をもたらした。

アルカイダはスンニ派の組織で、イランが国教とするシーア派を嫌い、アフガニスタンでもシーア派ハザラ人のムジャヒディン組織「イスラム統一党」をアフガン政治から排除する目的で、武力で激しく攻撃した。イランとアルカイダに関係があるというのは根も葉もない主張で、アルカイダの中枢を占めるのはアラブ人で、イランはペルシア語を話すイラン人の国である。中東の民族的相違は言語によって区分され、アラブ人はアラビア語を話し、イラン人はインド＝ヨーロッパ語族のペルシア語を話す。イラン人のアルカイダへの参加はほとんど聞いたことがない。アルカイダの創設者のオサマ・ビンラディンはサウジアラビアの出身だ。

イデオロギー的には、アルカイダもＩＳ（イスラム国）もイスラムの原点に厳格に回帰しようとするサウジアラビアの考えに近く、シリア・ラッカを支配したＩＳはその教育風景をインターネットで配信したことがあるが、そこで使用されていたのはサウジアラビアの教科書のコピーであった。ムハンマド皇太子は、イランがその影響力を中東で広げようとしていると警戒するが、しかしイエメンを空爆したり、レバノンの首相を軟禁状態に置いて辞任を強要したりするようなサウジの強引な手法はイランには見られない。イランとイラクのシーア派との政治的つながりは、サダム・フセイン政権時代に弾圧されたシーア派組織が一九八〇年代にイランに亡命することによって発展したものだし、イランが他国に武力介入してその影響下に置こうとしたことは二〇〇〇年近くない。

大義がないイエメン空爆

トランプ大統領は二〇一九年四月半ば、米上下両院で採択されたイエメン空爆への米軍の支援を停止する決議に拒否権を発動した。繰り返すが、イエメン空爆はムハンマド皇太子が主導して始められたものだ。トランプ大統領が拒否権を発動した理由は、大統領の権限を弱めるというものだった。米軍がサウジアラビアなど有志連合の戦闘に参加していないと述べたものの、米軍は有志連合の戦闘機に空中給油や、爆撃するターゲットに関する情報などを与えてきたことは周知の事実となっている。三月のメキシコとの国境の壁建設に関する非常事態宣言を阻止する決議に拒否権を発動したのに続いて二度目の行使である。この拒否権を覆すには両院の三分の二以上の賛成が必要だが、その見込みはない。

一九年四月二三日に国連開発計画（ＵＮＤＰ）は、イエメンに関するレポートを明らかにしたが、イエメンは二〇一八年の人間開発指数で一八九カ国中一七八位、紛争によって家庭の収入は減り、二〇一七年には七八・五％の家庭が一日一・九〇ドル以下の生活を余儀なくされている。二五〇〇の学校が破壊されたり、国内避難民の居住場所や軍事目的で使用されたりしている。

ＵＮＤＰの予測では、二〇一九年に戦争が終われば、二三万三〇〇〇人の犠牲者が出るが、そのうち半分以上の一四万人は五歳以下の幼児である。さらに、戦争が二〇二二年まで継続すれば、四八万二〇〇〇人の死者のうち五歳以下は三三万一〇〇〇人と予測する。

四月二九日、ポンペオ米国務長官は、イエメンにおけるサウジアラビアなど有志連合の戦争が米国の国益にかなうと発言した。彼は戦争の責任がイランにあると述べたが、イランのイエメン紛争への関与はきわめて薄い。シーア派と言ってもイランのシーア派は十二イマーム派で、イエメンのシーア派ザイド派とは異なる。中東の紛争をすべてイランのせいとするのは、イランを敵視するムハンマド皇太子のサウジアラビアやイスラエル・ネタニヤフ政権の意向に沿ったもので、まさにパラノイア的な虚言と言ってよい。

イエメンの人道危機は、シリアやアフガニスタンよりも深刻かもしれない。イエメンでは二五万人が飢餓状態に置かれ、一三万一〇〇〇人が餓死すると予測されている。これがポンペオ国務長官の言うように「米国の国益」とはとうてい思えない。また、ムハンマド皇太子のサウジアラビアも莫大な戦費を要する不要な戦争が自分たちの国益にかなうとは思えない。仮に戦争がこの二、三年のちに終わってもイエメンが戦前の状態に復興するには一〇年以上も必要と予測されている。ムハンマド皇太子が主導して始めたイエメン空爆は大義もない、イエメンの弱者に犠牲を強いるきわめて非人道的な行為である。

第二章
米国、サウジの特殊関係はいつから始まったか

湾岸戦争でサウジアラビアに派遣された米第1歩兵師団。1990年12月（AFP＝時事）

欧米諸国の歓心を買うための武器購入

サウジアラビアはイスラムを建前とする絶対的な王政で、米国の民主主義とは価値観を共有せず、選挙での政権交代は眼中にない国だ。米国のサウジアラビアとの緊密な関係は米国外交の偽善ぶりを象徴することにもなっている。

アラブ諸国の原理主義や独裁政治は反米の立場をとった場合にだけ米国から非難・否定されてきた。サウジアラビアは米国に石油を売却することの見返りとして、米国に投資を行い、米国の兵器を購入するという暗黙の「協定」が米国との間にはあり続けた。また、サウジアラビアは米国によるイラク戦争やパレスチナ問題でのイスラエル支援の姿勢を批判することがない。

ここではひとまず、米国、サウジアラビア両国の関係の歴史をふり返ってみたい。

一九三三年、アメリカの石油企業がサウジアラビア政府との間で、石油探査のための最初の石油協定を結んだ。三八年、カリフォルニア・スタンダード石油（現シェブロン）の子会社がサウジアラビアでその後、国有化されるまでの四五年にわたって三二〇〇万バーレルの石油を産出する油田を発見する。後のアラムコ（ARAMCO：the Arabian-American Oil Company）である。

アメリカは、サウジアラビアの石油を、アメリカに与えられた史上最大の物質的な「贈与」とも考えるようになった。

サウジアラビア経済は、石油やそれに関連する産業によって成り立っている。原油の埋蔵量でサウジはシェール石油の米国、またロシアに次いで世界第三位、二六八五億バーレルで（二〇一九年サウジアラビア政府の公表による）、油田は主に東部に存在する。

一九二三年にサウジアラビア建国の父で、初代国王のアブドゥル・アズィーズ・イブン・サウードはイギリスに石油利権を与えたが、しかしこの利権では石油は採掘されなかった。サウジアラビアでは石油が一九三八年に最初に発見されたものの、第二次世界大戦中は、戦争の混乱もあって採掘作業はなかなか進まなかった。一九四五年にラース・タヌーラ製油所が設立され、戦後の世界的需要に応えてサウジアラビアの石油産業は拡大していくことになる。

中東諸国の中で軍事費に最も多くの予算を割いているのはサウジアラビアである。二〇一八年の統計では、国民皆兵で「軍事国家」ともいえるイスラエルの軍事費が一五九億ドルであるのに対して、サウジアラビアは六七六億ドルと世界第三位であった（ストックホルム国際平和研究所の統計）。

こうした莫大な軍事費をかけているにもかかわらず、サウジアラビアの軍隊は兵力二三

世界各国の軍事費GDP比

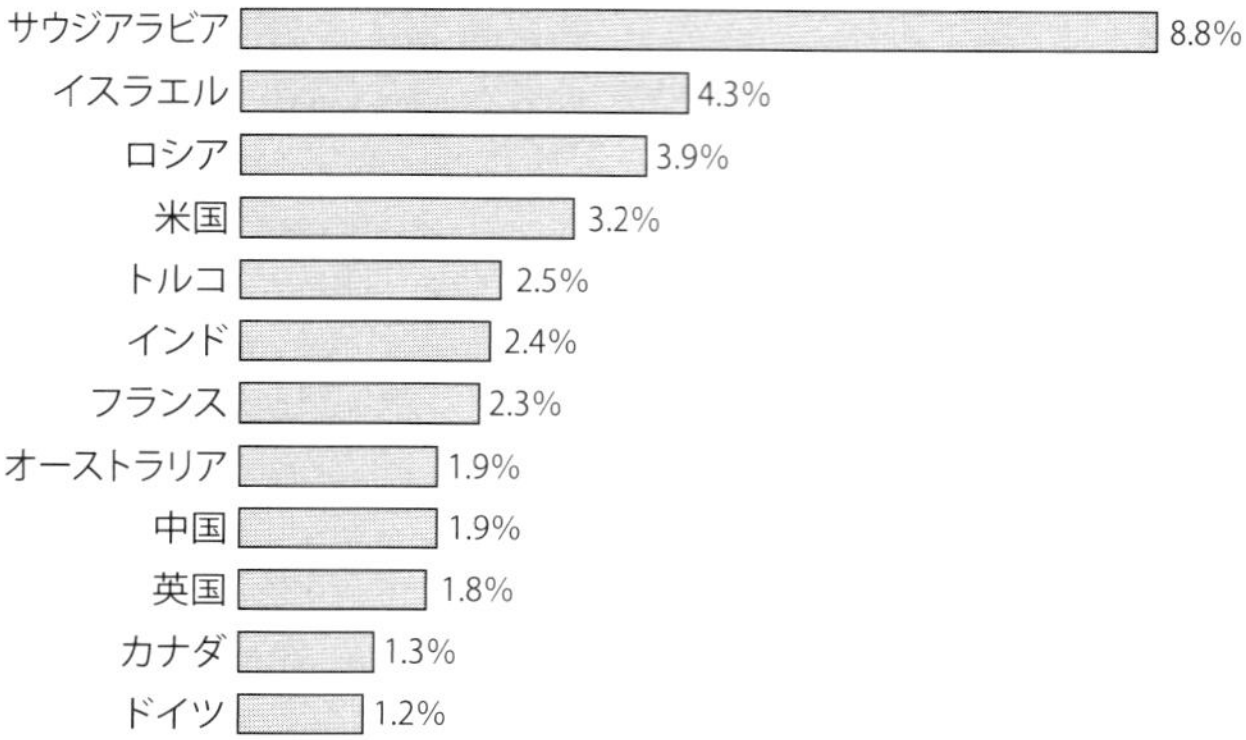

出典：ストックホルム国際平和研究所（SIPRI）調査

万一〇〇〇〇人、それに対してイランは五三万四〇〇〇〇人で、兵器の近代化を進めている一方で人員はきわめて不十分だ。それはサウジの人口自体が少ないということもあるが、サウジは一九五二年にエジプトで、また五八年にイラクで軍事クーデターによって王政が崩壊したことに脅威を覚え、軍隊を必要最小限の規模に抑えてきたのも要因の一つだ。

　サウジアラビアの武器購入は欧米諸国の歓心を買うためのもので、購入された武器の多くが砂漠の兵器庫の中に埋もれていると言っても過言ではない。イエメン空爆を継続しながら、決定的な勝利を収めることができないのも、兵員不足が背景としてあり、対立するイランとの戦争を自国が行うよりも米国に期待をかけるのも兵力が少ないという要因がある。

第一次石油危機と米国、サウジ

一九七三年にエジプト・シリアがユダヤ教の贖罪《しょくざい》の日である「ヨム・キプール」に、イスラエルを奇襲することによって、第四次中東戦争の戦端が開かれた。緒戦において、エジプトがスエズ運河を渡ってシナイ半島に入り、またシリアが一九六七年の第三次中東戦争でイスラエルによって占領されたゴラン高原に進軍するなど戦いを優位に進めたが、反撃に転じたイスラエルが次第に優勢になっていく。

第四次中東戦争が始まると、イスラエルの同盟国である米国とNATOの同盟国であるオランダは、軍事物資の輸送を行うなど、イスラエル支援の姿勢を鮮明にした。米国とオランダはイスラエルに対して空輸作戦を展開し、それに対してソ連もエジプトに空路、陸路で軍事関連物資の補給を行っていった。

イスラエルの戦争に協力する米国とオランダの姿勢に対して、一九七三年一〇月一七日に、「アラブ石油輸出国機構（OAPEC）」の石油相会議がクウェートで行われ、エジプト・シリアへの支援を訴えるため、五%の石油の減産が決定された。つまり、減産によって石油輸入国に打撃を与え、パレスチナ問題に世界が注目するように図ったのである。サウジアラビアは一〇%の減産を発表したが、アラブ産油国の動きに同調しなかったのはサダム・フセイン政権のイラクだけであった。

さらに、一〇月一九日にニクソン米政権が、イスラエルに対する二二億ドルの軍事支援を明らかにすると、翌日、サウジアラビアは米国、オランダに対する石油禁輸を明らかにする。

アラブ産油国が参加するOPEC(石油輸出国機構)は、国際政治において目立った役割を演ずることがなく、国際石油資本(メジャー)との交渉を行い、最大限の利益を確保するのが主な活動だったが、この第一次石油危機で国際社会において政治的にも重要性が認識されるようになり、米国はOPECの力を感じて中東に対する石油輸入依存を見直すようになる。

また、OPEC諸国は、ニクソン米大統領が一九七一年八月に行った金・ドルの交換停止と変動相場制への移行によってドルの価格が下落し石油収入が低迷したこともあって、経済的にも米国に反発していた。ニクソン政権はアラブ諸国の石油禁輸措置によって、燃料配給制度を設け、国内道路の制限速度を下げ、さらにサウジアラビア、クウェート、アブダビなどのアラブ産油地帯を占領することも真剣に検討するようになった。

サウジアラビアのファイサル国王(在位一九六四~七五年)はパレスチナ問題、特にイスラエルによるイスラムの聖地エルサレムの占領問題に重大な関心を寄せていた。一九六九年にモロッコの首都ラバトでイスラム諸国会議のサミットが開催され、エルサレムをアラブ・ムスリムが再支配する目標が確認された。一九六九年にニクソン政権が誕生すると、ファイサル国王は駐サウジの米国大使と会談し、米国がアラブ・イスラエル紛争に対してより公平な政策を行うことを求め、サウジはソ連の社会主義に対する中東の防塁であることを強調し、米国にとってのサウジの戦略的重要性を訴えた。

アラブ・イスラエル紛争における米国のイスラエル寄りの姿勢を考慮して、エジプトなどのようにソ連に接近するアラブ諸国もあったが、サウジアラビアは米国との同盟関係を維持しつつも、エルサレムのアラブ支配を求めていく姿勢を崩さなかった。

冷戦時代の記憶

冷戦が中東地域にも影響を及ぼしたことは言うまでもない。米国は、冷戦時代に戦略物資としてますます意識されるようになった石油がソ連など東側陣営の手に落ちることを極度に警戒するようになった。米国資本系の「アラムコ（アラビア＝アメリカ石油会社）」を通じて、米国や、その同盟国への安価な石油供給を確保することを目指した。

一九七三年の第一次石油危機で石油価格が大幅に上昇すると、サウジアラビアなどの産油国のオイル・マネーは、米国製の武器や米国債の購入にあてられるようになった。米軍が一九五二年から九六年まで使用したサウジアラビア東部のダーラーン基地は、中東における米軍の兵站《へいたん》の中心となり、八〇年代のアフガニスタンでの対ソ戦争、また一九九一年の湾岸戦争で重要な役割を果たした。

イスラムという宗教も無神論を唱えたソ連に対するキャンペーンには有効と米国には見なされた。初代国王のイブン・サウードは、無神論の共産主義に対する闘いへの関心を明らかにしていたが、米国のトルーマン政権はこれに応じて、サウジアラビアに軍事支援を供与するようになった。しかし、サウジにはエジプトのナセル大統領が主導したアラブ世界の統一や繁栄を訴えるアラブ・ナショナリズムのように、共産主義と競合するだけのカリスマ性、求心力はなかった。

五〇年代から、第三次中東戦争が起きた一九六七年までサウジアラビアに脅威を与えたのはエジプトのナセルだった。イエメンは第一次世界大戦でオスマン帝国が敗北すると、イエメン王国として独立したが、王政の抑圧政治に反発して六二年九月に軍部主導のクーデターが発生し、イエメン共和国が成立した。

ナセルはイエメンにエジプト軍を派遣し、共和国体制を支えたが、他方、サウジアラビアは打倒された国王の復権を図る王党派の運動を支援した。一九六三年一月に米国がイエメン共和国を承認すると、勢いづいたエジプトはジェッダ北部のサウジアラビアの反体制派に対して武器や弾薬を空中から投下し、王政を揺さぶった。

サウジアラビアの共産主義者は、一九五〇年代に実質的な共産党である国民解放戦線（NIF）を結成した。第二代サウード国王時代の一九六〇年に財務副大臣となったムスタファ・ハーフィズ・ワフバは共産主義者であったと見られているが、二年後に解任されている。共産主義の運動は一九五三年から五六年にかけて石油産出地帯であるサウジ東部の石油産業の労働者たちの間で力をもったが、米系企業のアラムコにはCIAのエージェントや協力者もいて、労働運動の抑圧に加担、協力した。

一九六七年にイエメン南部に社会主義のイエメン人民民主共和国（南イエメン、PDRY）が成立すると、サウジ王政にとって重大な脅威と感ぜられるようになる。ファイサル国王は、イエメンからサウジ王政打倒の運動が広がることを恐れた。実際、多くのサウジアラビアの左翼やナショナリストたちは、イエメン南部の港湾都市アデンを拠点に活動していたのである。

一九七〇年代の終わりにPDRYは、「アフリカの角」地域のマルクス主義の運動や政府を支援したが、カーター米政権のブレジンスキー大統領補佐官は、エチオピアと南イエメンがソ連といっそう親密な関係を築けば、サウジアラビア王政にとって重大な脅威になると発言した。実際、ソ連とキューバはPDRYの助力を得て、一九七七年に臨時軍事評議会議長に就任したメンギストゥの主導するエチオピアへの軍事的支援を強化していった。

反ソの冷戦戦略を担ったサファリ・クラブ

サウジアラビア、イラン、エジプト、モロッコ、フランスは、冷戦時代に通称「サファリ・クラブ」という反共的な同盟を築いていた。

ファイサル国王の側近で、サウジアラビア総合情報庁の長官を一九六五年から七九年まで務めたカマール・アドハムは、サウジの冷戦戦略を担った重要な人物だが、ナセル時代に対立していたエジプトを、ナセルを継いだアンワル・サダト政権時代にサウジに接近させる役割を担った。彼は一九五〇年代からサダトを個人的に知るようになり、アドハムの結婚式にサダトが出席するほど親密になった。

一九七〇年九月にナセルが死去すると、アドハムは頻繁にエジプトを訪問し、エジプトを親ソ連から親米に変えるために、サダトを含めて金銭的な工作を行った。そのこともあって、七二年にサダトはソ連の顧問を追放し、ソ連との関係を疎遠にし、米国に接近する方針をとった。アドハムはサウジアラビアが七四年にモロッコに借款を与え、モロッコが米国製兵器を購入することを支援した。さらに、サファリ・クラブの連携の中でサウジは、同盟関係にあるフランスからミラージュ2000戦闘機など最新鋭の兵器を購入した。

一九七六年九月、サファリ・クラブの情報機関の指導者による憲章が結ばれた。特にアフリカ大陸において、ソ連が社会主義革命を目指す運動を支持し、またアフリカの資源を獲得するためにソ連の衛星国家（クライエント・ステート）を次々とつくろうとしているという脅威が強調された。

七九年になると、総合情報庁の長官はアドハムからトゥルキー・アル・ファイサル王子（Turki bin Faisal Al Saud）へと替わり、アフガニスタンでの対ソ戦争の工作を担うようになる。サウジアラビアは特に米国のCIA、パキスタンのISI（軍統合情報局）と連携してアフガニスタンのムジャヒディン（イスラムの聖なる戦士）に武器・弾薬を供与するようになった。七九年二月に革命でイランの王政が崩壊したこともあって、サウジアラビアはサファリ・クラブの中でいよいよ主導的な役割を担うようになった。

また、サウジアラビアと良好な関係を築くようになったエジプトのサダト政権は、イスラムの大義を強調してアフガニスタンのムジャヒディンへの支持を強く訴え、かつてソ連陣営から供与された武器をサウジアラビアや米国の協力によって、アフガニスタンに提供するようになっていた。エジプトのイスラム主義者が国内で過激な活動をするよりも、アフガニスタンのような外国で反ソ的な武装闘争を行うほうが体制の安定にとって望ましいというのも、サダト政権の考えであった。

サウジ政府と密接だったビンラディン・ファミリー

米国のCIAもアフガニスタンでのムジャヒディンの戦いを「聖戦」に仕立てていった。テキサス州選出の下院議員チャールズ・ウィルソンは、下院情報委員会で、アフガニスタンのムジャヒディンのことを「勇敢な自由の戦士たち」と形容し、CIAのムジャヒディン支援の予算を大幅に増額することに成功し、米国のムジャヒディン支援額は最終的には数十億ドルに達したとも見られている。

ジャーナリストのジョージ・クライルは、サウジアラビアはソ連軍がアフガニスタンからペルシア湾岸に向かっていくだろうと信じていたと、その著書『チャーリー・ウィルソンの戦争』の中で書いている。CIAは、そうしたサウジアラビアの懸念に応えるように、総合情報庁のコンピューター・システムの整備に協力し、ソ連の通信を傍受することも手助けした。

カーター政権のブレジンスキー大統領補佐官は、ソ連軍がアフガニスタンに侵攻した直後の一九八〇年一月にサウジアラビアを訪問し、サウジからアフガニスタンのムジャヒディンに対して米国と同じ額の支援を行うという約束をとりつけた。ブレジンスキーは、アフガニスタンのイスラムを支援することは、ソ連南部の中央アジアなどのムスリムたちを刺激し、ソ連の弱体化に役立つものと考えていた。総合情報庁のトゥルキー長官は、ムジャヒディン支援のための資金を米国ワシントンのサウジアラビア大使館に送り、それがさらにCIAの口座に振り込まれて、ムジャヒディンの武器を購入する資金にあてられた。

サウジアラビアでは、中間層や宗教心に富んだ階層がアフガニスタンでの戦いのための寄付を行い、富裕層はさらに多額の献金を行った。サウジ政府は、パキスタンのISIとも協力したが、地理的にアフガニスタンの南に接するパキスタンがズィア・ウル・ハク政権下でサウジと同様に、厳格なイスラム化政策を追求し、ソ連との対決姿勢を明確にしていたことは都合のよいことだった。

サウジアラビアとパキスタンは、パキスタン国内に戦闘や兵站のための道路や施設などのインフラも整備していった。そこで、主導的役割を果たしたのは、サウジ最大のゼネコンの御曹司であり、後に九・一一の同時多発テロの首謀者とされたオサマ・ビンラディンであった。

ビンラディン・ファミリーは、サウジアラビアの宗教施設の新築や改修の工事を請け負うなどサウジ政府と密接な関係を築きながら、その企業活動を発展させてきた。オサマ・ビンラディンは実家がゼネコンであったことで、ムジャヒディンの戦いの工兵部門を担当するのが容易であった。

サウジの国教、ワッハーブ派

サウジアラビアの支援や介入によって、アフガニスタンでの戦いがいっそうイスラム色の強いものになったことは疑いがない。イスラムの名の下にアラブの義勇兵たちはアフガニスタンに身を投じていったが、サウジアラビアの国教である厳格なワッハーブ派のイデオロギーが世界に普及する契機になっていった。

アフガニスタンとパキスタンの国境地帯では、サウジアラビアの資金で建てられたモスクやマドラサ（学院、イスラムの神学校）でサウジアラビア流の宗教解釈が教えられていった。

ムハンマド・イブン・アブドゥル・ワッハーブ（一七〇三～九二）は、当時の社会の精神的退廃に疑問を感じ、通俗的な信仰と慣行をイスラムでは禁ずる「偶像崇拝」と「ジャーヒリーヤ（無明、イスラム誕生以前の不義に満ちた社会）」と見なした。中世のウラマー（イスラムの学識者）たちの解釈を有害な「革新（ビダ）」、あるいは異端と考え、神の啓示が記された聖典への回帰を訴えた。ワッハーブ派の教義の中心にあるのは神の唯一性である。ムハンマドがメッカの偶像を破壊したことに倣って、ワッハーブ派の運動も偶像崇拝の対象となっている聖廟や墓石などを破壊した。

二〇世紀初頭、初代国王のアブドゥル・アズィーズ・イブン・サウードは、リヤドを再征服し、「イフワーン」という軍事集団とともに、アラビア半島の遊牧部族を再統合し、アラビア半島の統一事業に際してはワッハーブ派のイデオロギーに正当性を求め、ワッハーブ派の運動を普及させることに努めた。サウード家の国であるサウジアラビアは、宗教と政治を融合させたが、こうした運動はサウジの王たちによって継承されていくことになった。また、それは宗教界の支持も受けていたが、宗教界の指導者たちの多くはアブドゥル・ワッハーブの子孫であり、さらに王族との通婚によってもサウジアラビアでは政治と宗教が合体していくことになった。

ワッハーブ派は、中世イスラムの思想家イブン・タイミーヤ（一二六八～一三二八）の思想に大きな影響を受けた。タイミーヤは、クルアーンやスンナ（預言者ムハンマドの慣行）、初期のムスリム共同体の範例をムスリムは厳格に守るように訴えた。彼はムハンマドがメディナに築いたコミュニティをムスリムが理想とすべきイスラム国家の規範と考えた。

ムハンマドや彼に続く四人のカリフの至純さに回帰することは、イスラム世界の偉大さを取り戻すために必要なこととイブン・タイミーヤに訴え、通俗な宗教的慣行や、イスラム神秘主義者の聖廟への崇拝などを否定した。

イブン・タイミーヤの思想は南アジアでは、一八六七年に北インドの地方都市デーオバンドで設立されたマドラサで最初に説かれた。このマドラサは「ダール・ウルーム（学問の家）」と呼ばれたが、このマドラサの卒業生たちは、「デーオバンド派」と呼ばれる宗教運動の聖職者となり、パキスタンが一九四七年に独立すると、そのイデオロギーを普及する役割を担っていった。こうしてサウジアラビアとパキスタンは思想的な共通性を強めていくことになる。

アフガニスタンで対ソ戦争が戦われていた一九八〇年代、サウジアラビアは、自国内に米軍基地を設けることを認めなかったが、米国から購入した兵器を稼働させるために、米軍の軍事顧問や訓練教官の活動は認めていた。米軍関係者たちの存在やふるまいが街頭で目立ったこともイラン革命に至る王政への反発の要因となったことは、サウジアラビア王政にとっても教訓となり、一九八〇年代、サウジ王政は米軍との関わりが国内で顕在化することを避ける配慮を行っていた。

エジプトのナセルや、イラク・シリアなどにおけるアラブ・ナショナリズムの勢力伸長は民衆の圧倒的支持を受けた。そのように民意に支持される運動がサウジアラビアに波及すれば、王政の価値観と相容れなくなるとサウジ王政は危惧していた。パレスチナ問題ではイスラエルによる占領や中東戦争でのイスラエルに対する米国の支援への反発はアラブ世界全体に見られ、それが旧秩序に不満をもつ大衆運動や、イラクやシリアに対するソ連の支援の増大につながりかねないことをサウジ王政は懸念していた。

アラブ・イスラムの大義とシーア派革命の脅威

米国がパレスチナのアラブ人を支援するというアラブ・イスラムの大義を損なうかのように、エジプトとイスラエルの間の和平を仲介するようになると、サウジ王政はこれに強く反発した。一九七八年、エジプト・イスラエル間のキャンプ・デーヴィッド合意が成立する以前に、サウジアラビアは、エジプトとの外交関係を断絶した。サウジ王政は、イスラエルとのいかなる和平をも拒絶するというアラブの民衆感情に応じることになった。

当時、米軍はバーレーンやオマーンに基地をもとうとしたが、サウジアラビアには、イスラエルとの同盟関係を強調する米国と軍事的に親密な姿勢を見せることはとうていできなかった。

ハーリド国王（在位一九七五〜八二）も、ファハド皇太子も、キャンプ・デーヴィッド合意がヨルダン川西岸やガザ、また聖地エルサレムの地位、パレスチナ難民のイスラエル領への帰還などについて触れられておらず、イスラエルに偏った内容だと考えた。パレスチナ和平の公平でない進展は、イスラエルへの敵対心を煽るナショナリズムや過激主義をもたらし、サウジアラビアが嫌う無神論のソ連の影響力の拡大を地域にもたらすものととらえたのだ。サウジアラビアは、親米路線とアラブ・イスラム世界にある反米感情の間での舵取りをしなければならなかったが、その姿勢は既述の一九七三年の米国などに対する石油禁輸にも表れた。

七〇年代後半から八〇年代前半には、リビアのカダフィー大佐を中心とする反米的なアラブ・ナショナリズムがイスラム世界を席巻していた。やはりアラブ・ナショナリズムを掲げるエジプトのナセルが一九五二年にムハンマド・アリー朝の王政を打倒するクーデターを起こしたように、アラブ・ナショナリズムは、中東イスラム世界の旧秩序に対する重大な挑戦であった。

特にファハド国王（在位一九八二～二〇〇五年）は、カダフィー大佐の姿勢に脅威を感じていた。一九七七年にサウジアラビアではリビアの支援による空軍将校たちのクーデター計画があり、それは政府施設や宮殿を空爆し、共和国を建設するというものであったが、サウジアラビアの情報機関による摘発で未然に防がれた。

また、イラン革命によるシーア派勢力の台頭は、サウジアラビア東部でもシーア派住民による待遇改善や権利拡大を求める抗議デモにつながり、イラン革命に影響されるレバノンのヒズボラなどの組織も誕生し、勢力を拡大させていったことにも見られた。イランの王政が革命で打倒されたことがサウジ王室に重大な衝撃を与えたことは言うまでもない。

サウジアラビアがイランの王政と同様に親米路線をとり、米国製の武器を大量に購入し、石油収入によって欧米的な近代化の道を歩んでいたからだ。

米国製兵器がイランの王政を守ることにならなかったことも、ハーリド国王が米国との距離を置かなければならないと考えた背景となり、サウジアラビアは、米軍基地を受け入れるという発想から遠ざかっていった。イランではホメイニが唱えた「米国に死を！」「米国は大悪魔」といったスローガンが広範に国民に受け入れられ、しかもそれが革命のシンボルとして根強く定着したことは親米の姿勢を強固にとっていたサウジアラビア王室には深刻に受け止められた。

軍事費の増加

サウジアラビアの近代化が本格的になるのは、革命で倒れたイランの王政と同様に、一九七三年の第四次中東戦争を契機にする石油価格の上昇でオイル・マネーによる収入が増加してからのことである。七九年から八〇年の財政年度でサウジの石油収入は五四〇億ドルであったのに対して、その翌年は九三〇億ドルと膨らんでいった。

サウジアラビアの石油収入が増えるにつれ、王族など富裕層の奢侈や腐敗も目立つようになり、平等や公正を訴えるイスラムの擁護者としてのサウード家の統治の正統性をも疑問視されるようになった。また、教育の近代化も推進されたが、これが伝統的価値観を損なうものであると遊牧部族など保守層には考えられるようになった。

さらに、石油セクターの近代化は、多くの外国人労働者を招くことになった。最も多かったのはイエメンからの労働者たちであったが、エジプト、レバノン、シリア、パレスチナなどの国や地域は、サウジアラビアよりも世俗化されていて、こうした外国人労働者たちがもたらす世俗的価値観がサウジのイスラム社会の伝統を損なうものであるとも王政には考えられた。

サウジアラビアでは、一九七五年に共産党が設立され、労働者階級、貧困な農民層、遊牧民、インテリ、学生の連帯を訴えたが、特に東部のシーア派労働者たちによって差別や劣悪な労働環境、低賃金などに対する抗議運動が展開された。

七〇年代は王政のイランと軍事力を競うことになったが、人的資源に乏しいサウジアラビアは、米国製の新鋭の兵器を購入したり、米軍の軍事顧問を招き入れたりすることによって、イランに対抗しようとしていた。

これらは増大する石油収入や米国のニクソン政権が中東におけるイランとサウジアラビ

アという二つの支柱によって米国の利益を図ったことで可能になったが、軍事費の増加は同時にサウジ軍の兵力の増加ともなり、一九七六年には兵力五万の軍隊をもつようになった。しかし、兵員や訓練の不足はパキスタンから将兵を招くことによって埋め合わせ、七〇年代から八〇年代にかけてサウジに駐留するパキスタン軍の将兵は一万五〇〇〇人とも見積もられ、決して少なくない数となった。*4

メッカ大モスク占拠事件の衝撃

イランと同様に、サウジアラビア王室の腐敗や親米姿勢への反発が明確に表れたのは、イラン革命と同年の一九七九年秋に起きたメッカの大モスク占拠事件であった。イラン革命は明らかにサウジアラビアの人々にもイスラムの「純化」を考えさせる契機となった。

一九七九年九月、サウジアラビア政府は、反王政の動きがあることを察知して、特に軍内部の将校たちの不穏な活動を摘発し始めた。そのような運動はオタイバ、カフターンなどの部族の間で強かった。七九年一一月にメッカの大モスクを占拠したのは、五〇〇人から六〇〇人ぐらいの集団だったが、制圧の中で二六九人が死亡した。

武装グループの指導者ジュハイマーン・アル・オタイビー（一九三六～八〇年）は、サウジアラビア王室がイスラムの真の信仰を忘れ、腐敗・堕落し、ワッハーブ派の指導者としての自覚を放棄していると批判した。彼らは、サウジ王政による近代化がイスラムの本来の姿や遊牧部族の伝統的価値観から逸脱していると考えたが、占拠グループにはイスラムの公正や平等という宗教信条を重んじない王政は不敬虔とも思われた。

また、王室の腐敗に対する不満は、欧米的な教育を受けた階層にも感じとられていた。さらに貧富の格差、王族の浪費癖、都市化などの現象は、保守的な階層に精神的疎外感をもたらすものであった。王政による弊害は、イランと同様に、その後ろ盾となっている米国への反発となっていった。

米国のカーター政権は、サウジアラビアとの同盟の重要性を認識し、一九七八年にサウジへ六二機のF15戦闘機の売却を決定し、兵器やその部品のセールスで同盟関係の強化を考えた。だが、ハーリド国王はそれでもサウジ国内における米軍基地を受け入れようとしなかった。

一九八〇年九月、イラクのサダム・フセインがイランに侵攻してイラン・イラク戦争が勃発すると、イランからの自国の王政への批判に反発してサウジアラビアはイラクを支援するようになった。イラン革命の指導者ホメイニは、革命を実現させたイスラムの普遍的有効性を考え、イスラムは全人類にとって「正義の傘」になると訴えた。

ホメイニの後継の最高指導者と目されていたホセイン・アリー・モンタゼリーは、「イスラムには国境がないのだから革命はイランだけにとどまらない。革命の輸出によって貧しい人々が優位に立つ社会を建設しなければならない」と述べ、革命の輸出が「ジハード（本来は信仰の道において努力するという意味）」であると説いた。モンタゼリーは、この「ジハード」を担うイスラム国家（＝イラン）は、貧困な階層の蜂起による支援を受け、その闘争の開拓者となるべきだと考えていた。

こうしたイラン政府の革命輸出の主張は、革命後に様々な政敵が活動する中で国民を統合するためにも必要であったが、イラン・イラク戦争中、サウジアラビアなど湾岸のアラブ諸国は革命が国内に波及することを恐れて一九八一年に湾岸協力理事会（GCC）を設立した。

サウジアラビアは、社会主義とアラブ・ナショナリズムに訴えるイラクの政権政党であるバアス党のイデオロギーを快く思っていなかったものの、イラン革命が成立すると、メッカの大モスク占拠事件などもあってイスラム主義の復興により重大な脅威を感ずるようになっていた。イラン・イラク戦争中、サウジアラビアなどペルシア湾岸のアラブ諸国はイラクに五〇〇億ドルから六〇〇億ドルの戦費の支援を行った。

ニカラグア内戦にも関与したサウジ

冷戦時代に米国の世界戦略に貢献したサウジアラビアは七七年、親米反共路線をとり、腐敗で悪名高かったザイール（現コンゴ民主共和国）のモブツ政権をカタンガの分離運動から守るために、モロッコの軍隊をザイールに空輸することも行った。

一九八一年にレーガン政権のキャスパー・ワインバーガー国防長官は、イラン革命を受けて、サウジアラビアの国防を強化するために、できることはすべて行うと決意を述べた。一九八一年三月六日、レーガン政権はサウジアラビアに最新鋭の武器を移転することを明らかにしたが、これにイスラエルや上院外交委員会の多くの議員たちが反対した。

にもかかわらず、同年四月一日、国家安全保障会議（NSC）は、AWACS偵察機五機を含むサウジアラビアに対する八五億ドルの武器売却を発表した。レーガン大統領は、この売却によってサウジアラビアがイランのように革命で倒れないことを目指し、またそれが中東での米国への信頼を高めるものだという考えを示したが、この売却契約は同年一〇月に五二対四八という僅差《きんさ》で上院によって承認された。

AWACSの購入は、国防を強化し、国の威信を高めることになるため、サウジアラビアも強く望んでいて、この後サウジは、ソ連との対決姿勢を鮮明にしたレーガン政権の世界戦略に協力していくことになる。

米国のパレスチナ系ビジネスマンであるサム・ジョセフ・バミーフ（Sam Joseph Bamieh）は、レーガン政権の下でサウジアラビアがますます親米的な方向に舵《かじ》を切ったことを明らかにしている。バミーフはファハド皇太子の親書をレーガン大統領に届ける役割を担ったが、その中で皇太子は米国に経済的にも戦略的にも協力し、世界の反共運動を支援していく姿勢を示した。一九八七年七月二日、バミーフは下院外交委員会アフリカ小委員会で証言をして、一九八一年にファハド皇太子が、AWACS購入が可能になるように、レーガン政権に世界の反共運動を支援していくことに同意したと述べた。

同じ証言の中でバミーフは、一九八四年二月にフランスのカンヌで、後に駐米サウジアラビア大使となるバンダル王子と会い、その際王子が、サウジが中米、アフガニスタン、アンゴラの反政府勢力に支援を与え、南アフリカで石油を売却することに関心をもっていると述べたことを証言している。

サウジアラビアの支援がレーガン政権から最も評価されたのは、中米ニカラグアの反政府勢力コントラへの支援だった。

ニカラグアでは、米国の支援を受け、四〇年余り続いたソモサ一族の独裁体制がサンディニスタ民族解放戦線（FSLN）によって一九七九年七月に打倒されたが、革命政権が左翼主導で急進的改革に乗り出すと、中道勢力や財界が政権から離反して旧ソモサ派の右派ゲリラ「コントラ」を支持するようになり、内戦が始まった。米国は革命政権を打倒するためにコントラの武装闘争に支援を与えるようになっていた。

サウジアラビアは、アンゴラのＵＮＩＴＡ（アンゴラ全面独立民族同盟）を支援していたが、米国がサウジへの武器移転に躊躇していることに不満をもち、同盟国としての重要性を訴えるかのように、あえてコントラ支援に乗り出さなかった。

ところが、八四年五月にレーガン政権は、イランがサウジアラビアのタンカーを攻撃する可能性があることをほのめかしながら、議会の承認を経ずに四〇〇基のスティンガー地対空ミサイルをサウジに移転し、さらに一億三一〇〇万ドル相当の戦闘機のスペアパーツを売却することを決定した。

このように、レーガン政権がサウジとの関係強化に積極的になったのは、ニカラグアの反政府勢力コントラに対する財政支援にサウジの貢献を期待したからだ。一九八四年五月までにコントラは、米議会が認めた二四〇〇万ドルの援助を使い切ってしまった。ロバート・マクファーレン大統領補佐官は、サウジのバンダル大使にコントラへの財政支援を懇願し、結局サウジはコントラに毎月一〇〇万ドルを提供することを決定する。

それでも支援額は十分ではなく、一九八五年二月にファハド国王がワシントンを訪問した際に追加支援をレーガン大統領に約束した。米議会が同年八月に二七〇〇万ドルのニカラグアへの「人道支援」を与えるまで、サウジによる支援がコントラへの主要な外国からの金銭的援助だった。

「死の商人」アドナン・カショギ

サウジアラビアと米国の武器売買にはわれわれ日本人からすれば想像を絶するような額の賄賂や手数料が絡み、腐敗の癒着構造が定着するようになった。

サウジアラビアの武器商人のアドナン・カショギは一九三五年七月二五日、サウジアラビアの初代国王アブドゥル・アズィーズ・イブン・サウードの侍医であったムハンマド・カショギの子としてイスラムの聖地であるメッカに生まれた。父親が国王の侍医であったことは将来の彼のビジネスに大いに役立つことになった。その個人資産はおよそ三五〇〇億円あったと見られるほど武器売却を媒介にして巨万の富を築き上げていった。ちなみに二〇一八年にイスタンブールで殺害されたカショギ記者はアドナン・カショギの甥にあたる。

アドナン・カショギは一九五六年、二一歳の時にエジプトに三〇〇万ドル相当のトラックを売り、一五万ドルの手数料を得たのを契機に六二年から武器ビジネスを始める。エジプトのナセル政権が支援する反政府武装勢力と戦うイエメン軍に武器を売却したが、六七年の第三次中東戦争でアラブ諸国が惨めな大敗北を喫すると、サウジアラビアは軍事力強化に乗り出し、そこでも彼は莫大な利益を上げることになる。

カショギは、ロッキードのC-130輸送機、またノースロップのF-5戦闘機のエージェントとなり、一九七五年に米国上院は、カショギがロッキードから一億六〇〇〇万ドル、ノースロップから五四〇〇万ドルを受け取ったことを明らかにしている。フランスは、戦車の取引に四五〇〇万ドル、イギリスはヘリコプターの売却に七〇〇〇万ドルをカショギに支払ったことを明らかにした。[*5]

ロッキード社とカショギの関係ができ上がったのは、六四年、カショギが二六歳の時であった。彼は、後に国王となるファハド王子、また後にサウジの国防相となるスルタン王子と親密な関係を築いていった。米国ではリチャード・ニクソンと親密な関係になり、ニクソンが再選された七二年の大統領選挙のキャンペーンには、カショギは、ニクソンのキャンペーンに使うレコード・アルバムの制作に五万ドルの寄付を行ったことが明らかにされている。

カショギは六〇年代から七〇年代にかけて、サウジアラビアのオイル・マネーを米国、イギリスの軍需産業に注ぎ込むことに成功し、ロッキード・マーティン社の「セールス部門」とも形容されるようになった。武器売却の手数料は、売却価格の一五％に上っていったとも見られている。八〇年までに全長八六・六メートルの豪華ヨット「ナビラ」を購入したが、「ナビラ」はカショギの娘の名前をとったものだった。このヨットは、八三年に映画『007　ネバーセイ・ネバーアゲイン』で悪の結社スペクターの司令部として登場するが、このヨットにアラブの王族、発展途上国の官僚、また欧米のビジネスマンを招き、その歓心を買うことも行っている。ちなみに、ドナルド・トランプは、一九八七年にこのヨットをおよそ三〇〇〇万ドルで購入した。

アドナン・カショギは、サッチャー政権時代の一九八五年に調印された「アルヤママ」と呼ばれる長期の武器輸出取引にも関係し、この契約ではサウジの有力王族、バンダル王子（サウジ国家安全保障会議議長）に約一〇億ポンド（約二四〇〇億円）の裏金が渡ったとされる。フィリピンのマルコス大統領夫妻の隠し資産づくりにも手を貸したとして一九八九年にスイスで拘束されたこともあったが、三カ月の拘留期間中は高級ホテルのシュバイツァーホフ・ホテルから食事が用意された。ロンドン、パリ、カンヌ、モンテカルロに私邸をもち、一万エーカーの放牧場をケニアに、また一〇〇台のリムジンと三機のプライベートト・ジェット機を所有していた。

カショギは一九八〇年代のイランへの武器売却に関するスキャンダル「イラン・コントト

ラ事件」にも絡んだ。レーガン政権では、レバノンで人質になっている米国人の解放をイランに依頼するために、イラン・イラク戦争を戦っていたイランに武器を売却し、その利益をニカラグアの左翼政権と戦う反政府武装勢力「コントラ」に与えていたというスキャンダルが発覚したが、その際にイランとホワイトハウスのオリバー・ノース中佐の間を取り次いだのがカショギだった。*6

カショギが絡んだロッキード・マーティン社の前身ともいえるロッキード社が金もうけのために手段を選ばないことは、日本で田中角栄元首相が有罪判決を受けた有名なロッキード事件でも明らかになっている。

上院外交委員会多国籍企業小委員会の調査では一九七〇年から七五年までの間、ロッキード社は外国への手数料に総額一億六五〇〇万ドル（田中角栄の受託収賄罪は五億円）を使ったが、その大半がサウジアラビアであることが判明している。その仲介に当たったのはアドナン・カショギであったが、一九七五年九月一二日、多国籍企業小委員会でロッキード社のダニエル・ホートン会長は、カショギが武器売却に関して賄賂が必要だと説いていたことを明らかにした。

湾岸戦争で強化された関係

一九九〇年八月二日、サダム・フセイン政権のイラクは、クウェートに侵攻した。これを国際秩序や世界の石油需給に対する重大な脅威と見た米国の先代ブッシュ政権は、サウジアラビアに軍隊を派遣した。

先代ブッシュ政権の次なる懸念は、イラクがサウジアラビアまで軍隊を進めることであった。サウジの石油をイラクが支配すれば、世界の石油の四〇％がサダム・フセインの思いのままになると恐れたのだ。だが、冷戦が終焉した時代環境は、イラクに圧力をかけるのに好都合で、米国が提出した国連安保理の決議案に反対し、拒否権を行使する国はなかった。イラクの侵攻を非難する決議は八月二日に、またイラクに対する経済制裁決議は八月六日に成立した。

チェイニー国防長官がサウジアラビアに飛び、ファハド国王に米軍の駐留を説得すると、即座に受け入れられた。サウジには、イラン・イラク戦争を戦い、軍事的に強大で戦闘にも習熟したイラクに対抗するだけの軍事力がなかった。ブッシュ大統領は八月六日にサウジに地上兵力を派遣する大統領令を出し、「砂漠の盾作戦」を開始したが、ノーマン・シュワルツコフがその司令官に任命された。

米軍の駐留でイラクからの防衛を考えたサウジアラビアと、侵攻を受けたクウェートはそれぞれ一六〇億ドルもの巨額の資金を提供したが、米国主導の多国籍軍に参加したのは四〇カ国以上に上った。

サダム・フセインがクウェートに侵攻したのは、九〇年七月にエイプリル・グラスピー駐イラク米国大使との会談で、彼女が、米国はイラクとクウェートの国境論争に何の見解ももたないと発言したことで、クウェート侵攻にゴーサインが与えられたとフセインが考えたことにあった。イラクの侵攻後、米国政府がこのグラスピー大使の発言に触れることはなかった。

グラスピー大使の発言からも、米国政府がイラクとクウェートの間で国境をめぐって緊張があったことを認識していたことは明らかであった。しかし、先代ブッシュ大統領は、イラクが挑発も警告もなく、クウェートに侵攻したと国民に説明した。

実際、イラクは九〇年七月になってクウェートに対する非難の論調を強めていた。イラクの主要紙である「アル・ジュムフリーヤ」は、九〇年七月二九日の論説で、イラン・イラク戦争中にクウェートはイラクの油田から二四億ドル相当の石油を盗掘し、さらに戦争中にイラクに対する無償であるべき援助を「債務」と見なし、イラクが形勢不利な時期であった八二年においてもクウェートは支援を行わなかったと述べた。

サウジアラビアはイラクとクウェートの国境論争を調停する姿勢も見せていたが、九〇年八月二日にイラクがクウェートに侵攻すると、クウェート王室はサウジに逃げ込み、ファハド国王はイラクの侵攻を強く非難した。

米軍の駐留を受け入れると、サウジアラビアの最高位宗教指導者であるアブドゥル・アズィーズ・イブン・バズは、異教徒がイスラムの聖地であるメッカを防衛するのは宗教的にも正当性を得られるという考えを示し、政府の方針に宗教的見地から正当性を与えた。

一一月中旬までに米国は二三万人の兵力をサウジに送り込んだが、さらにサウジは、湾岸危機の進行中に社会主義のソ連、中国、またイランとも外交関係を樹立した。クウェートからの難民を受け入れる一方で、クウェートがイラクに占領されるとイラクを支持したヨルダン、イエメン国籍の人々を国外追放した。

米軍主導の多国籍軍は兵力八〇万人（米国から五六万人）をもってイラクに対する攻撃を一九九一年一月一七日に開始した。クウェートでは二月二四日に地上戦が開始されたが、これにサウジアラビア軍も加わった。しかし、サウジが米国製の武器を大量に購入しながら、異教徒の米軍を招き入れたことは王政の正統性を疑う声が国内から起こっていくことになる。厳格にイスラムの純粋性を追求するグループにとっては、米軍の駐留はイスラムの聖地を守るためではなく、単にサウジ王室を擁護するものと判断されるようになっていった。

米国防総省によれば、一九八〇年代にサウジアラビアは、二八四億ドルの武器を米国から購入したが、湾岸戦争で米国に防衛され、またイラクのクウェート侵攻でさらなる軍事力の増強の必要性を感じ、湾岸戦争が終結すると、二六〇億ドルの米国製兵器の購入を約束する。

また、サウジアラビアは米国が意図する中東秩序に協力する姿勢を鮮明にしていった。ブッシュ政権が提唱し、一九九一年一〇月に開催されたマドリード和平会議にシリアが参加するように説得し、サウジもこの会議にオブザーバー参加して、シリアがイスラエルに対する強硬な姿勢を和らげるように働きかけることも行っている。

湾岸危機から湾岸戦争にかけて、M-1A2エイブラムス戦車、M2ブラッドレー歩兵戦闘車、F-15Eストライク・イーグル、パトリオット地対空ミサイルなど米国製の最新鋭兵器がサウジアラビアに売却されていく。サウジアラビアは、一九八〇年代半ばにF-15Eを購入しようとしたものの、米国議会がサウジへの同機の売却はイスラエルの安全保障を脅かすとして反対していた。しかし、米国議会は湾岸戦争後にサウジに対するイラクからの軍事的脅威が残り、またイスラエルとの関係が改善されたために、サウジへの売却を容認するようになった。

結局、先代ブッシュ政権は、一九九二年九月にサウジアラビアにF-15Eなど戦闘機の売却を決断したが、それには米国内の経済事情もあり、経営難にあったマクドネル・ダグラス社を救済するという意図もあった。ブッシュ氏と一九九二年に大統領選挙を競っていたビル・クリントン候補もF－15Eのサウジへの売却を支持していたため、ブッシュ大統領もそれに応じてマクドネル・ダグラス社の工場で四八機のサウジへの売却をアピールしてみせた。

F－15Eの外国への売却はサウジアラビアが初めてであり、一六〇〇キロの距離を一二トンの爆弾を搭載して航続できるF－15Eは、湾岸戦争で初めて実戦に投入された新鋭機だった。クリントン政権の米国は中東で最大の同盟国であるイスラエルに二一機のF－15Eの売却を決定したが、イスラエルに売却されたF－15Eはサウジアラビアに輸出したものより性能に優れ、米国はイスラエルの軍事的優位を維持する操作も行っている。

国内で増幅された王政への不満

サウジアラビアは、一九九五年から九七年にかけて三一〇億ドルを米国やヨーロッパ諸国からの兵器購入に用いたが、石油価格の下落によって財政的に苦しくなり、欧米企業との武器契約を見直すようになった。莫大な武器購入によって、ガソリン、電気、水道に対する政府補助金も削減せざるをえなくなったのだ。経済的低迷によって、雇用も減少し、若年層の賃金は抑制され、民間企業の活動は鈍った。経済的不満は、サウジ王政が不要な米国製兵器を購入しているのではないかという批判にもなり、米国がサウジ政府に兵器購入の圧力をかけているという反米感情も募っていくことになった。*7

湾岸戦争でPLO（パレスチナ解放機構）が、クウェートからの撤退と引き換えにイスラエルのヨルダン川西岸・ガザからの撤退を求めたサダム・フセインのイラクを支持したことで、サウジアラビアとパレスチナの関係は疎遠になった。しかし、一九九三年にPLOのアラファト議長がイスラエルのラビン政権との間に和平合意（オスロ協定）を結ぶと、サウジは、パレスチナに対する支援を明確にしていった。それも、和平を調停したクリントン政権に対する配慮があった。

しかし、他方で国内では米国製の兵器を大量に購入し、米国の意図する秩序に協力するサウジ王政に対する不満は増幅されていった。一九九五年一一月に、サウジアラビアの国家防衛隊に軍事訓練を施していたリヤドの米軍施設で爆破事件が発生し、五人の米国人と二人のインド人が犠牲になり、六〇人が負傷した。それまで知られることがなかった三つの組織が犯行声明を出したが、いずれもサウジからの米軍の撤退を求めていた。

さらに、一九九六年六月二五日には、サウジアラビア東部のダーラーン近郊にあるホバール・タワーで自動車搭載爆弾によるテロがあり、米軍関係者一九人が犠牲になり、一人のサウジ人が死亡した。この事件にはサウジアラビア・ヒズボラ（ヒズボラ・アル・ヒジャーズ）というレバノンのヒズボラに影響を受ける組織が関わっていたとされる。事件にはサウジアラビアのシーア派の人物が関わっていたこともあって米国政府はイランが関与していると断定し、二〇〇六年に米国の地方裁判所がイラン政府に二億五四〇〇万ドルの賠償の支払いを命じたこともあった。

これらの事件の背景には、反米感情があったことは明らかであったものの、それでもなおサウジ政府は米軍の撤退を求めることはなかった。サウジ政府が要求したのは、米軍基地を主要な都市から離れた地方に移転するというものであった。

この時期、王政に対する反発が高まり、過激派の「アルカイダ」の創設者であるオサマ・ビンラディンは、王政に対する「ジハード」を説くようになった。それにもかかわらず、サウジアラビアが米軍の存在を国内に求めていたのは、サダム・フセインのイラクが切実な脅威と感ぜられていたからだった。

第三章 過激派を生んだ同盟関係

1996年にアフガニスタンで政権を掌握したタリバンの兵士（ロイター＝共同）

普及される「ワッハービー」

サウジアラビアの国教であるワッハーブ派から派生した「ワッハービー」という言葉は、現代の過激な思想潮流や活動を指すようになった。この言葉の使用は、新しいものではなく、植民地時代のインドでは、イギリスは反帝国主義のイスラム復興運動のことを「ワッハービー」と形容していた。ワッハービーはタリバンやオサマ・ビンラディンのアルカイダだけでなく、ロシアやカフカス、中央アジアの分離独立運動や反体制運動を表す言葉としても用いられるようになった。

「ワッハーブ派」とは、前章でも紹介した通り、サウジアラビアの保守的な、至純な傾向を示すイスラムの宗派のことを元々指していた。

ワッハーブ派の思想は一九六〇年代以降に世界的に広がっていく。世俗的なアラブ・ナショナリズムと社会主義のイデオロギーに対抗するために、石油で得た収入がその普及に使われていった。サウジアラビアと他の湾岸の保守王国は、ナセル主義とアラブ社会主義の政府によって脅威にさらされていた。ファイサル王子（一九〇四～七五年）のリーダーシップの下に、サウジはナセルの世俗的な社会主義と、ソ連や東欧における無神論の共産主義に対抗するために、パン＝イスラム主義のイデオロギーや厳格なワッハーブ派の教義に訴えていった。

一九六二年にサウジアラビア主導の下に創設された世界イスラム連盟は、イスラムの教義を確認し、広めようとする「ダワ」の運動を進めていった。モスクや学校、図書館、病院、クリニックがサウジアラビアの支援の下につくられ、モスクで活動するイマーム（礼拝指導者）を訓練・支援したり、世界各国の言語に翻訳されたクルアーンやイスラムに関わる図書の翻訳を数億冊出版した。

一九六九年に設立された「イスラム諸国会議機構（OIC、現イスラム協力機構）」は、イスラム諸国の結束や協力を強化し、メッカやメディナといった聖地を守ることを訴え、パレスチナなどムスリムの苦難を救済することを目指した。七〇年代に「イスラム開発銀行」を創設し、銀行システムの発展や、イスラム諸国の開発プロジェクトに投資することが図られた。こうした機構や組織を通じても、サウジ政府や富裕なビジネスマンたちによって、ワッハーブ派のイデオロギーが他のイスラム諸国にも浸透することになった。

一九九六年にアフガニスタンの実質的な支配を確立したタリバンは、テレビや音楽の禁止、女性の隔離や女性のベールの着用など、イスラム的行動を遵守させるために宗教警察を設置した。これらはサウジアラビアの影響を受けたもので、タリバンも国際社会の一部から「ワッハービー」と形容された。サウジアラビアもタリバンもインターネットや衛星放送用のアンテナを禁止したが、それらには宗教的な背景とともに、反体制運動の活動の助長を防ぐという安全上の理由もあった。

タリバンへのワッハーブ派の影響

米国と戦略目標や価値観が異なるという点では、たとえばタリバン政権を承認した三つの国のうちの一つがサウジアラビアだった。タリバン政権は凧揚《たこあ》げ、ビリヤード、音楽、マニキュア、歯磨きクリーム、テレビを禁じるなど、米国の価値観とはおよそかけ離れる政治を行っていたが、思想的に共通するサウジアラビアは支持した。

サウジアラビアが支持したタリバン政権は、二〇〇一年にタリバンが九・一一の首謀者オサマ・ビンラディンを匿《かくま》っていたという理由で、米軍主導で軍事的に打倒された。また、サウジアラビアはキリスト教会の建立や活動を認めない唯一のイスラム国家でもある。このように見ると、民主主義で、キリスト教徒が多数の米国がサウジアラビアを支持するのはきわめて非論理的な姿勢で、矛盾しているように見える。

タリバンに対するワッハーブ派の影響は、パキスタンの神学校を通じてもたらされた。ソ連軍がアフガニスタンに侵攻後、多くの神学校がパキスタンに設立されたが、それらの学校はサウジアラビアなど湾岸諸国からの資金援助によって運営されていた。一九四七年には一四七あったパキスタンの神学校は、二〇一〇年代になって九〇〇〇〇余りにも増加している。

七〇年代、サウジアラビアはパキスタンの左傾化を懸念していた。当時、パキスタンは、カリフォルニア大学バークレー校やオックスフォード大学に留学した経験のある社会主義者のズルフィカール・アリー・ブットが首相の座にあった。しかし、七一年の内戦で、東パキスタンがバングラデシュとして独立すると、財政難に陥ったブット政権は、サウジアラビアなど湾岸の産油諸国の支援を頼みにするようになる。これらの諸国の意向に沿うように、様々なイスラム的方策に訴え、イスラム法を導入し、イスラム的施設を支持するようになった。

ブット政権を一九七七年七月にクーデターで打倒したズィア・ウル・ハク大統領の時代にパキスタンの神学校は著しく増大した。ソ連軍のアフガニスタン侵攻後、パキスタンの神学校はサウジアラビアのワッハーブ派のイデオロギーを普及する手段として、またイラン革命のシーア派の影響が浸透することへの防塁として、ますます発展していった。サウジ政府や富裕な篤志家たちが、パキスタンの神学校建設を積極的に支援するようになっていたのだ。

八〇年代初頭、パキスタンには八〇〇〇万人の人口がおり、その五分の四は非識字だった（識字率はユニセフによる）。国民の平均年間所得は一八〇ドルと貧国に属すが、[*8]サウジアラビアが支援して運営される神学校は、パキスタン人の子弟たちに教育や食事などの機会を与えていった。

また、ソ連軍の侵攻によってパキスタンに逃れてきた数百万人のアフガニスタン人たちにとっても、教育や寝食の場を提供する神学校は貴重な施設であった。

急進的なデーオバンド派

第二章でも紹介したパキスタンのデーオバンド派も数百の神学校を設立している。デーオバンド派の運動は、一九世紀にインドで現代の生活と原理的イスラムの調和を図るために生まれた。パキスタンのデーオバンド派が強硬で、戦闘的な保守主義の思想に訴えれば訴えるほど、サウジアラビアやワッハーブ派のウラマーたちと政治的、思想的結びつきを強めていくことになった。デーオバンド派の神学校は、急進的な教師のみによって授業が行われ、古典的なイスラムというよりも戦闘的な、ジハードの教えが教化されている。

デーオバンド派のイデオロギーは過激で、シーア派に対しては極度に不寛容である。こうしたデーオバンド派の神学校で数十万人とも見積もられるパキスタン人たちが教育を受け、アフガニスタンでソ連と戦うジハードに参加した。それに参加しなかった者たちもデーオバンド派の指導者や教師になり、そのイデオロギーが拡大再生産されていった。

デーオバンド派は、パキスタンで「イスラム聖職者協会」という政党を一九八八年に創設した。「イスラム聖職者協会」は、仮にパキスタン政府がオサマ・ビンラディンの身柄を米国に渡すようなことがあれば、パキスタンの米国人を殺害すると公言するような急進的な組織であった。

「イスラム聖職者協会」から分かれ出たパキスタンのイスラム過激派である「スィパー・サハバ・パキスタン（パキスタンにおける預言者の仲間の軍隊）」「ラシュカレ・ジャングヴィ（ジャングヴィの軍隊）」は、パキスタン国内のシーア派を襲撃し、殺害することで悪名高い組織となっている。ナワーズ・シャリーフ首相の政権がこれらの二つの組織の抑圧を図り、また一九九九年に彼への暗殺未遂事件を摘発すると、両組織の指導者たちはタリバン政権下のアフガニスタンに逃亡した。タリバンと「イスラム聖職者協会」は長期にわたってサウジアラビアやパキスタン軍の諜報機関（ＩＳＩ）から支援を受けていた。

ムジャヒディンへの支援

米国のレーガン政権は一九八一年、アフガニスタンで七年間大使を務めたロバート・ヌーマンを駐サウジ大使に任命した。この年、サウジは一二〇〇万ドルを、パキスタン・ペシャワールを拠点とするアフガニスタンのムジャヒディン・グループに供与した。サウジと米国は競合するように、ムジャヒディンに武器や資金を提供していった。

サウジアラビアはイスラム的に方向づけられたゲリラへの共感、反共主義、またソ連の影響力をイスラム世界から排除するという「義務感」「情熱」にとりつかれていた。

サウジアラビアのムジャヒディンに対する支援は、パキスタンの情報機関であるＩＳＩを通さずにサウジが好むムジャヒディン・グループに対して直接行われた。多い時は一カ月二五〇〇万ドルにも達していたと見られている。

サウジアラビアの王族でムジャヒディン支援の中心にいたのは、情報機関のトップであったトゥルキー王子だった。トゥルキー王子は中等教育を米国で受け、ジョージタウン大学を卒業した知米派の人物で、穏健な考え方をするが、パキスタンやアフガニスタンでは、イランの影響を受ける勢力に負けない親サウジアラビアの集団をつくり上げることを意図していた。イランは八〇年代、アフガニスタンのシーア派のムジャヒディン集団に積極的に支援を与えていた。

トゥルキー王子は、イスラムの大義に立ってアフガニスタンのムジャヒディンを支援することは、サウジ国内の急進的なイスラム集団を懐柔でき、これらの勢力が体制に従順になるものと考えていたが、しかし彼の意図とは異なって、王政に反発する過激な勢力が台頭していった。

ヒズボラ指導者暗殺未遂事件

他方で、『大統領の陰謀』など調査報道で著名なジャーナリスト、ボブ・ウッドワード（一九四三年生まれ）によれば、サウジアラビアはCIAによるレバノンでのヒズボラ（シーア派政治・武装組織）指導者暗殺未遂事件にも資金を提供していたという。

ウィリアム・ケーシーCIA長官（一九一三〜八七年）は、一九八四年三月一六日に誘拐されたベイルートのCIA事務所長であるウィリアム・バックレーの解放に力を貸してくれるように八五年にサウジアラビアに要請する。駐米大使であったバンダル王子（一九四九年生まれ）は、ケーシー長官の要請に応じて三〇〇万ドルの資金をスイス銀行の口座に振り込んだ。

また、サウジアラビアはイギリスの傭兵を使い、レバノンの情報機関と協力して、一九八五年三月八日にレバノンのヒズボラの指導者であるシャイフ・フサイン・ファドラッラーを殺害する目的で彼のアパートの近くに爆弾をしかけ、爆発させた。この事件で八〇人が犠牲となり、二〇〇人以上が負傷したが、ファドラッラーは難を逃れた。

ウッドワードによれば、サウジアラビアは、その後ファドラッラーと取引をして、ファドラッラーに二〇〇万ドルの提供を申し出ると、支持者の間でさらに求心力を高めたかったファドラッラーは、その額に相当する食料、医薬品、教育費を求めた。さらに、バンダル王子は、リビアのカダフィー大佐の介入を受けていたチャドに対して八〇〇万ドルをケーシーCIA長官の求めに応じて拠出し、さらにイタリアの共産党が政権を掌握するのを阻止するために、二〇〇万ドルをも投じた。*9

その後、サウジアラビアはファドラッラーの暗殺未遂事件への関与を隠すために、バックレーの解放のための身代金を払い、イランと交渉するなどの措置を講じたと、第二章で登場したパレスチナ系米国人のバミーフは回想している。

イランはこの交渉の中で、米国などの求めに応じて増産を行い石油価格を低く抑えていたサウジのヤマニ石油相の解任と、石油価格を引きあげる努力をサウジアラビアに要求した。さらに、米国製兵器のスペアパーツを求めるイランに対してサウジが応じていくことになる。イラン・イラク戦争を戦うイランの戦闘機などは、多くが王政時代に米国から購入したものであり、イラクとの消耗戦を戦うためには、米国製兵器のスペアパーツは欠くことができなかった。この仲介の役割を果たしたのは、これも第二章で前述したアドナン・カショギであった。*10

最大の「テロ支援国家」

二〇〇三年七月、米上下院合同情報委員会は、アルカイダの財源は多くがサウジアラビアの私的な寄付によるものだったことを明らかにした。サウジの外交目標は、王政の存続を図るものであることは疑いがない。イスラムをその政治支配の正統性を訴えるために援用しているのだ。イスラムの聖地であるメッカやメディナの擁護者としてモスクの改修や改造、装飾を行い、またイスラムの布教活動にも経済的支援を与えてきた。イスラムへの支援はサウジ王政の正統性を訴える手段であり続けている。

サウジアラビアと米国はアフガニスタンで戦闘的なイスラム集団をつくり上げていったが、これらの集団は一九八九年にソ連軍がアフガニスタンから撤退すると新たな闘争の舞台を探し求めることになる。

ソ連邦の崩壊によって、世界各地で民族紛争が発生するようになったが、戦闘的イスラム集団はイスラムをアイデンティティーの中心とする民族が巻き込まれる紛争に身を投じ、カシミール、ボスニア、チェチェンなどに赴いた。しかし、サウジアラビア人で、八〇年代のアフガン戦争を戦ったオサマ・ビンラディンは、出身国のサウジと米国を対象に闘争を行うようになった。

第二章の最後でも述べたように、サウジアラビアが国教とするワッハーブ派の不寛容で、厳格な考えは、サウジ王政自体にも向かってくる。

サダム・フセインのイラクがクウェートに侵攻した湾岸危機で、米軍がサウジアラビアに展開したことは、ビンラディンにとっては許容しがたいことだった。ビンラディンは、サウジが米軍の駐留を認めたことによって、真のイスラムから逸脱したと考えるようになり、米国をイスラム世界から駆逐することを活動の中心に据えていく。

ビンラディンに一つのモデルを提供したのは、一九八三年にレバノンで、シーア派の武装集団が米海兵隊の兵舎に自爆攻撃を行い、二五〇人近くの米兵が犠牲となり、米軍が撤退したことだった。米軍、あるいは米国の関連施設を攻撃し、打撃を与えることで、イスラム世界から米国の影響力を払拭できると、ビンラディンとその取り巻きたちは考えるようになったのである。

その思想的背景となったのは、サウジアラビアが国教として奉ずるワッハーブ派の考えであり、ワッハーブ派はその排外主義の傾向から極端に反欧米、反西欧文化の傾向をもち、イスラム世界に軍事介入を続ける米国こそがイスラムの最大の敵であると考えるようになる。

一九七九年のイラン革命以降、サウジアラビアは米国にとってアラブ地域で最も信頼できる同盟のパートナーとなった。サウジ王政が倒れてイラン型の反米イスラム国家が成立することは、米国の中東戦略にとってはまさに「悪夢」であった。九・一一の実行犯一九人のうち一五人がサウジアラビア人だったが、ブッシュ大統領は、テロリストを匿ったり、またテロを支援したりする国や勢力を厳しく追及し、中東の民主化を図っていくと声明を出したものの、その矛先がサウジアラビアに向かうことは決してなかった。

二〇一六年七月、九・一一の同時多発テロに関する議会報告書で黒塗りだった二八ページの部分が公表された（通称「二八ページ」）。これは、二〇〇二年一二月に米議会の両院合同の調査委員会がつくった報告書の一部で、当時からサウジアラビアの関与についての記述があるものと疑われていた。

明らかになった文書では、サウジアラビアの外交官で、九・一一の前年にサンディエゴに住んでいたファハド・アル・スマイリーがサウジの実行犯たちを支援したことが疑われている。調査報告書は、サウジアラビアがイスラムの原理主義の普及を支援し、またサウジアラビアの王族がアルカイダに資金を与えた慈善グループと関係をもっていたことを批判した。

また報告書によれば、九・一一の実行犯たちはサウジアラビア政府と関係があるかもしれない個人から支援や援助を受けており、これらの個人のうち少なくとも二人はサウジアラビアの情報機関の関係者たちだった（報告書四一五ページ）。また、サウジアラビアの情報機関員であるウッサーマ・バッスナーンは、実行犯たちに資金を提供していたが、彼の妻はサウジアラビアのハイファ・ビント・スルタン王女から金銭を得ていた。

「二八ページ」が公開されると、サウジアラビアのアーデル・アル・ジュベイル外相は、ワシントンのサウジアラビア大使館で、サウジ王族の関与を根拠がないと否定したが、報告書がサウジアラビア政府の過激派に対する支援についての疑惑を深めたことは間違いない。

サウジアラビアの鬼子

オサマ・ビンラディン（一九五七〜二〇一一）は、サウジアラビアのゼネコンの経営者であるムハンマド・ビンラディンの五〇人余りいる子どもの一人であった。ムハンマドは、イエメンからの移住者で、サウジ王族による主要な建設事業を請け負うようになり、一代で財を築き上げた。一九六七年にムハンマドは飛行機事故で亡くなるが、その頃までに彼の会社は中東で最も規模が大きいゼネコンにのし上がり、サウジアラビアの王族と親密な関係を発展させていた。

オサマ・ビンラディンは、サウジ西部ジェッダのキング・アブドゥルアズィーズ大学で経営学を学び、またそこでエジプトの過激なイスラム思想家のサイイド・クトゥブの弟であるムハンマド・クトゥブやアブドゥッラー・アッザーム（一九四一〜八九）からイスラム学を学んだ。

ソ連が一九七九年にアフガニスタンに侵攻すると、ビンラディンは、イスラムに対する侵略と見て、アフガニスタンの抵抗運動の指導者たちに会いに行き、彼らの活動のための資金を集めるようになった。一九八四年頃になると彼の活動は主にアフガニスタンとパキスタンに集中するようになり、アブドゥッラー・アッザームと協力してアラブ諸国からアフガニスタンで対ソ戦争を戦う義勇兵を募るようになった。

彼の資金を調達する能力は、しだいに彼の名声を高めることになった。一九八八年にアラブ義勇兵たちを中心に武装組織の「アルカイダ（基地）」をつくり、彼の構想するイスラムの純化を求める運動を展開していく。

一九八九年にソ連軍がアフガニスタンから撤退すると、サウジアラビアに帰国したが、サウジ王室はビンラディンの急進的な傾向にしだいに警戒感を強めていった。

一九九〇年にイラクがクウェートに侵攻して、サウジアラビアにその軍事的脅威が迫ると、ビンラディンはサウジ政府にアルカイダが国土防衛に従事する許可を求めたが、しかし政府はこれを聞き入れることはなかった。そのうえ、サウジ王政が米軍の駐留を認めるようになると、ビンラディンは王政に対して強く反発するようになり、一九九一年にサウジを離れ、その年の末にスーダンに居住するようになった。

ビンラディンは、イスラム世界における米国支配との闘争という活動目標を見出し、一九九三年のニューヨーク世界貿易センタービル爆破事件に対する支持など米国に対するテロをあからさまに称賛するようになった。九四年にスーダンでアルカイダのための軍事活動拠点を築き、各地でイスラムの異教徒と戦う民族紛争にムスリムの義勇兵を派遣していった。

一九九六年、国際的圧力の下にスーダンはビンラディンを国外に追放したため、彼は再びアフガニスタンに戻った。このビンラディンと彼が率いるアルカイダに、アフガニスタンのタリバン政権は庇護を与えることになる。オサマ・ビンラディンは、一九九六年に米国に対するファトワ（教令）を出し、米国に対する聖戦を宣言した。彼によれば、米国はイスラム世界の資源を奪い、アラビア半島を占領し、米国の利益に隷属する中東諸国政府を支援している。

一九九八年二月二三日付のオサマ・ビンラディンの声明は次のように述べている。

「湾岸戦争など米国のイスラム世界への介入の目的の背後には、経済的、宗教的要因のほかに、ユダヤ人の『小さな国家』の利益に奉仕することがあり、エルサレムの占領や、パレスチナ人の殺害から目をそらす目的がある。それを最もよく証明しているのが、イラクを破壊しようとしていることであり（一九九〇年代のイラクへの経済制裁など）、イラク、サウジアラビア、エジプト、スーダンを無力な弱小国家にしようとし、その不一致や非力さをイスラエルの生存のために利用し、米国は野蛮な十字軍的なアラビア半島への占領を継続しようとしている」

ビンラディンの究極の目標は、イスラム世界で米国を大規模な戦争に引きずり込み、米国が支配する世界秩序を覆し、単一のイスラム国家をつくり上げるというものだった。この目的のために、彼のアルカイダは世界的規模で米国に対する戦争（テロ）をしかけていく。一九九八年八月にはケニア・ナイロビとタンザニア・ダルエスサラームで米国大使館に対する同時多発テロを起こし、合わせて二二四人が犠牲になった。

これに対して米国のクリントン政権は、アフガニスタンとスーダンのアルカイダ関連と目される施設を報復攻撃した。さらに、アルカイダは二〇〇〇年にイエメン・アデン港に停泊する米海軍駆逐艦コールに対して自爆攻撃を行い、一七人が犠牲となった。

ビンラディンの師匠

ソ連軍のアフガニスタン侵攻は、宗教学を学んだサウジアラビアの若年層たちにイスラムの防衛という意識を与えることになった。その一部がアフガニスタンに向かい、米国、サウジアラビア、パキスタンが財政的、あるいは交通の便宜を与えた。彼らの行動はサウジ政府にイスラムの擁護者としての正当性と、ある種の誇りを与えたことは間違いない。オサマ・ビンラディンを含めて若いサウジアラビア人が一九六七年の第三次中東戦争でパレスチナからヨルダンに逃れてきたアブドゥッラー・アッザームの支持者になっていった。

アッザームは、ムスリム同胞団員となり、カイロのアル・アズハル大学で一九七三年にイスラム法の博士号を取得した。その後ヨルダン大学で教職に就いたが、ムスリム同胞団員という理由で解雇され、サウジアラビアに移り住んで、ジェッダのキング・アブドゥルアズィーズ大学で教鞭をとるようになった。

彼は一九七九年にソ連軍がアフガニスタンに侵攻すると、ムスリムの土地を防衛する聖戦のファトワ（教令）を発した。サウジアラビア宗教界の最高指導者の大ムフティー（イスラム法の規定に関して権威ある見解を出す法学者）であるアブドゥル・アズィーズ・ビン・

バズもこのアッザームの訴えを支持した。

アッザームは、アフガニスタンでの対ソ戦争開始後まもなくパキスタンのイスラマバードに移住して、パキスタン・アフガニスタンの国境沿いで反ソの「聖戦」を組織した。ビンラディンはアッザームを物心ともに支えるようになっていった。

アッザームは、異教徒、あるいは無神論者に対してイスラムの地を防衛することは、ムスリム個々人にとっての義務であることを説いた。

この義務は、断食や礼拝と変わらないというのが彼の考えで、占領者に対する戦いはその犠牲になっている者たちが行わざるをえないが、仮に彼らが十分な力をもっていなければ、その際はすべてのムスリムにとっての義務となる。

ソ連とイスラエルに対する闘争は、この二国から異教徒や無神論者がその勢力を拡大させているので、ムスリムにとって優先度が最も高い戦いとなる。しかし、アフガニスタンの戦いがイスラエルとのそれよりも緊要性が高く、それはパレスチナのように、クリスチャンのアラブ人が加わるものではなく、ムスリムだけの戦いであるからだ。

アッザームはこうした考えをアフガニスタンでの武装闘争として実現していったが、八九年一一月にパキスタンのペシャワールで爆弾テロに遭い、二人の息子とともに亡くなった。殺害の背景には、エジプトの過激派組織「イスラム聖戦」がエジプト政府など同じムスリムに対して「タクフィール（不信心者の烙印を押すこと）」を宣言する方針をもったことがあるとされている。アッザームは、ムスリムを「タクフィール」と宣告することは、イスラム世界内部の戦争を意味する「フィトナ」を招くものだと考え、「イスラム聖戦」の路線を否定、非難していた。

アッザーム暗殺には、ソ連、イスラエルのモサドなどの説もあるが、アッザームの娘婿のアブドゥッラー・アナースはエジプトの「イスラム聖戦」が暗殺の背後にいると述べている。

王政は米国にだまされている？

サダム・フセイン率いるイラクのクウェート侵攻によって、イラク軍が自国に攻め入る脅威を感じたサウジアラビアは米軍の駐留を認めることにしたが、これは文化的侵入とともに、米国の中東における軍事征服の前触れになるのではないかという議論が一部のイスラムの宗教学者の間ではわき起こった。若いサウジアラビア人は、王政が米国によってだまされている、あるいは米国と共謀しているのではないかと考えるようになったのだ。

いずれにせよ、サウジへの米軍の駐留は、異教徒によるイスラム世界の征服などと一部では見なされ、それを認めるサウジ王政の正統性にも疑問を投げかけるものであった。危機を感じたファハド国王は、サウジの高位聖職者に米軍の駐留を認めた王政の措置が宗教的にも正当性があることを裏付けるような見解を出させたが、この措置も高位聖職者たちの権威や、また彼らへの若いサウジアラビア人の信頼を低下させることになった。

米国の軍事的プレゼンスに対する反感や運動はモスクや宗教大学などイスラムの信仰に関わる施設などで急速に拡大していった。なかにはメッカのウンム・アル・クラー大学で博士号をとった神学者のサファル・アル・ハワーリー（一九五〇年生まれ）のように、イラクのクウェート侵攻自体が欧米の陰謀であり、欧米はソ連邦の崩壊後、欧米の覇権に挑戦できる唯一の勢力となったイスラム世界を服従させる意図をもっていると語る者もいた。

ハワーリーによれば、米国はクウェートに石油の増産を行わせ、イラク経済に損害を与えるようになった。米国政府は、イラクにクウェート侵攻を促したが、その後湾岸アラブ諸国にイラクと戦うようにそそのかした。彼は、サウジアラビアが盲目的に米国の策動に従い、他方、米国はその戦略目標と利益に応じて中東の再編を図ろうとしているが、サウジアラビア人たちが欧米の脅威と戦うことを期待していると述べた。

さらに若い宗教学者たちは米軍の駐留が文化的な侵略をもたらすのではないかという危惧を抱くようになった。というのも、サウジアラビア国内で欧米の価値観を主張し、その実現を図るように訴える人々が現れたからである。

米軍が湾岸危機に対応し駐留する中で、一九九〇年一一月六日、リヤドの数十人の女性たちがクルマを運転し、イスラムでは女性の運転を禁止していないという示威行動を行った。リヤドのウラマーたちは、クウェートや欧米の女性たちが、サウジアラビアの女性たちを感化したと主張したが、これに応じてサウジアラビア政府は女性の運転を厳格に禁止した。

さらに、一九九〇年一二月には、四三人のビジネスマンや知識人たちがサウジ社会におけるウラマーの役割を減じるようにという嘆願書を出し、女性の役割の拡大を求めた。九一年一月に湾岸戦争が始まると、サウジアラビアのチャンネル2は、米国CNNのニュースを放映するようになったが、これは保守的な考えをもつウラマーたちにとっては屈辱であり、また侮辱であった。彼らは、サウジ軍が欧米主導の多国籍軍の一部となり従属し、また米軍など欧米軍のイラク軍に対する勝利は、欧米のイスラム世界に対する軍事的・技術的優位を、欧米の目を通して世界に喧伝することになったと考えた。

米国とその同盟国へのジハード

戦争が終わると、多くの若いウラマーたちは米軍がサウジアラビアの国土から離れることを望んだが、ファハド国王がこの要求を拒否すると、ウラマーたちの一部には、王族が欧米の文化的侵略からサウジを守ることができなければウラマーがこの国を運営していくべきであるという考えも芽生えていった。

九一年三月にウラマーのグループは、「要望書」を作成し、ウラマーによって構成される、国内外の問題を統括する「諮問（シューラ）評議会」の設立を求めた。さらにイスラム法（シャリーア）によって、腐敗を一掃し、対米関係を見直す委員会の設立も要求した。この要望書にはおよそ四〇〇人の説教師、イスラム機関の長、宗教判事、学者が署名した。

こうした要求はサウジアラビア王政が常日頃唱えてきた、イスラムに政治の正当性を訴える姿勢と矛盾するものではなく、王政はその動きを無視することができなくなった。ファハド国王は宗教界を懐柔する姿勢を見せるようになり、サウジ経済が困難な状態にあった一九九二年に宗教界の職員を増やすことも行い、さらに、ヨーロッパに居住するムスリムたちの信仰心に応ずるような放送局も開設した。

宗教的な保守層の訴えに応じるように、ファハド国王も欧米文明が物質的で、世界の覇権を追求するものだと批判し、サウジアラビアがイスラム文明の精神をリードしていくという姿勢を見せた。サウジの新聞にも欧米の文化的侵略には対抗していかなければならないと説くものもあったが、このような展開がありながらも、ビンラディンにとってサウジアラビア王政の姿勢はいよいよ許容できないものになり、論理ではなく、暴力によって自らの理念を実現しようとますます考えるようになっていった。

ビンラディンは、サウジアラビアに駐留する米軍に対して宣戦布告を行い、一九九六年六月に一九人の米兵が犠牲になったダーラーンでの米軍兵舎爆破事件にも犯行声明を出し、またサウジアラビアがシオニスト・十字軍同盟の側にいることを激しく批判した。一九九〇年代後半になると、ビンラディンのスタンスは、王政への反発よりも米国とその同盟国との世界的なジハードというものに変わっていった。一九九八年二月二三日には、「ユダヤ人と十字軍に対するジハードのための世界イスラム戦線」の設立を宣言し、その活動の本気度は、同年八月のケニア、タンザニアでの米国大使館同時多発テロで実証されることになった。

第四章

九・一一をめぐる奇妙な関係

米テキサス州クロフォードで、サウジアラビアのアブドラ皇太子（右）を迎えるブッシュ米大統領（肩書はいずれも当時、AFP＝時事）

サウジ政府と九・一一の関連性

二〇一四年六月にIS（イスラム国）がイラクのモースルでカリフ国家（預言者ムハンマドの後継者であるカリフが統治する国家）の設立を宣言すると、米国では九・一一の同時多発テロを十分検証しなかったことが、ISの台頭を招いたのではないかという議論が生まれた。

上院情報委員会委員長を務めたことがあるボブ・グラハム元上院議員（一九三六年生まれ）は、二〇一四年にISが台頭すると、米国の歴代政権がサウジアラビアによるスンニ派過激派組織に対する支援に目をつぶってきたことが、結局米国の安全を阻害するISなどの武装集団の活動を継続させることになったと述べた。[*11]

九・一一の同時多発テロでは一九人の実行犯のうち一五人がサウジアラビア人であったにもかかわらず、その直後に王族を含む一四四人のサウジアラビア人が米国を離れることを許可されたように、米国は、事情聴取を含めて国内にいたサウジ人に対する捜査を厳格に行うことがなかった。

第三章で述べた通り、二〇一六年七月に連邦議会で機密文書（通称「二八ページ」）が公開され、サウジ政府と九・一一の関連性が指摘されたが、そこでは駐米大使だったバンダ

機密文書「28ページ」に書かれたバンダル王子と9・11の関係

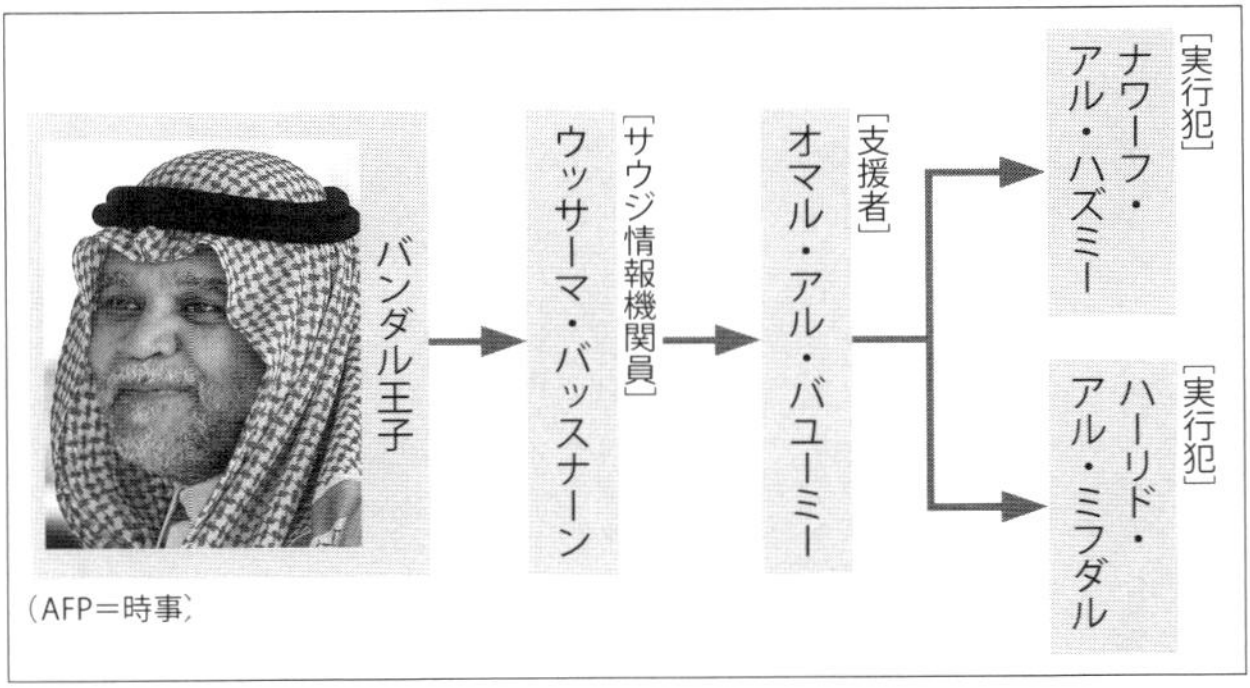

ル王子（バンダル・ビン・スルターン、一九四九年生まれ）の名前が挙がっていた。文書によれば、バンダル王子はサウジの情報機関員ウッサーマ・バッスナーンと親交があった。バッスナーンは、九・一一の実行犯ハーリド・アル・ミフダル、ナワーフ・アル・ハズミーの二人とその支援者であったオマル・アル・バユーミーと接触や交流があった。

バンダル王子は「バンダル・ブッシュ」というニックネームがあったほどブッシュ大統領と親交が厚く、「二八ページ」によれば、バンダル王子と親しい関係にあったバッスナーンは、バユーミー以上にハイジャックの実行犯たちに多くの支援を与えていた。[*12] バンダル王子は、サウジアラビアの駐米大使として一九八三年から二〇〇五年までその任にあり、レーガン大統領から二〇〇〇年代のブッシュ大統領までワシントンで大統領たちと交流を深めた。

バンダル王子のロビー活動

「二八ページ」では、バッスナーンの妻は、バンダル王子の妻ハイファ・ビント・ファイサルから毎月二〇〇〇ドルを受け取っていたことも明らかにされている。バッスナーンは一九九二年一〇月に、ワシントンDCで一九九三年のニューヨーク世界貿易センター爆破事件の首謀者として終身刑の判決を受けることになるシャイフ・オマルをパーティーに招いたこともある。

内部告発サイトのウィキリークスによれば、二〇〇九年にヒラリー・クリントン国務長官は、サウジアラビア政府がアルカイダ、タリバン、ラシュカレ・タイバなどイスラム世界の過激派・武装集団の主要な資金提供者になっていると述べた。イラク戦争によって生まれた「イラクのアルカイダ」は二〇一〇年代にISとなったが、二〇一四年三月にイラクのヌーリー・マーリキー首相は、サウジアラビアとカタールがイラクの宗派対立を煽り、テロと安全保障上の危機をもたらしたと両国を名指しで批判した。

「二八ページ」によれば、二〇〇二年三月にパキスタンで拘束されたサウジアラビア人のアルカイダのメンバー、アブー・ズバイダの電話帳からコロラド州アスペンにあるバンダル王子が経営する不動産管理会社の電話番号が見つかったという。

ボブ・グラハム元上院議員は、「二一八ページ」の公表を受けて、バンダル王子と九・一一の実行犯たちの間接的関係はさらに調査すべき価値のあるものだとコメントしている。バンダル王子は、ホワイトハウスに毎日、あるいは一日おきに出入りすると言われたほど歴代の大統領と親密な関係を築き上げてきたが、それは米国がいかにサウジ外交を重視しているかを示すものでもあった。

第二章で紹介した中米ニカラグアの反政府武装勢力コントラに対するサウジアラビアの資金提供でもバンダル王子は主要な役割を担った。しかし、彼は外交官特権を盾にコントラ事件の特別検察官の事情聴取に応ずることがなく、追及を免れた。

サウジ政府やバンダル王子にとっては、ニカラグアでも無神論のソ連の影響力拡大を食い止めることは国家のイデオロギーとしても重要であった。バンダル王子は、湾岸地域におけるイランの影響力増大を嫌って一九八〇年代のイラン・イラク戦争中に米国製の二〇〇ポンド爆弾のイラクへの移転を行うように米国政府に働きかけたこともある。

バンダル王子のロビー活動が効を奏して、サウジアラビアはカーター政権時代にF‐15戦闘機の購入契約に成功する。一九八二年にファハド国王が即位すると、その功を認めてバンダル王子を駐米大使に任命した。ファハド国王はバンダル王子の外交能力を米国との同盟関係をいっそう強固にするために必要と判断した。イランやイラクという人的資源や軍事力に優る国々に囲まれたサウジにとって、米国の軍事力は、フランクリン・ルーズベルト大統領（在任一九三三〜四五年）の時代から欠くことができないものとなっていた。

バンダル王子に明かされた米国の戦争計画

バンダル王子は、サウジアラビアがアフガニスタンにおけるソ連との戦いで貢献し、さらには湾岸戦争の際に米国にイラクに対する戦争を決意させるために、米国の軍事産業、議会、ホワイトハウスに積極的に働きかけていった。サウジは、湾岸戦争でクウェートを解放する目的で五〇〇億ドルを費やしたが、湾岸戦争後もサダム・フセインは政権の座にとどまり、脅威は残った。サウジはイラクまで攻め込まなかった先代ブッシュ大統領の決断に強い不満をもった。

バンダル王子は、二〇〇四年のブッシュ大統領の二期目の選挙の際に、サウジアラビアが石油価格を投票日まで上げないという密約を交わしたとジャーナリストのボブ・ウッドワードは書いている（『攻撃計画（Plan of Attack）――ブッシュのイラク戦争』二〇〇四年）。

これは、サウジアラビアが石油を増産させて、価格の調整を図るというものだが、ガソリン価格の上昇は大統領選挙の争点の一つであった。ブッシュ大統領の対抗馬であった民主党のジョン・ケリー候補は、仮にホワイトハウスとサウジの密約が本当だとすれば、米国民にとっては不快で、受け入れられないものだと〇四年四月にフロリダ州の演説の中で語った。

『攻撃計画』では、二〇〇三年一月一一日、パウエル国務長官にイラク開戦の決定を伝える前に、チェイニー副大統領とラムズフェルド国防長官は、バンダル大使に戦争計画の地図を見せたことが明らかにされている。チェイニー副大統領は、ホワイトハウスの自らのオフィスにバンダル大使を招いて地図を見せたが、地図には「トップ・シークレット、外国人には見せるな」と書かれてあった。しかし、チェイニー副大統領はマイヤーズ統合本部議長とともに、バンダル大使に戦争計画の詳細を説明した。

バンダル大使は、九一年の湾岸戦争で米国がサダム・フセイン政権を打倒しなかったことからブッシュ政権の戦争の意図に懐疑的であったが、それをチェイニー副大統領とラムズフェルド国防長官に「今回はサダムを排除するんだね、期間は？」と尋ねると、チェイニー副大統領は、それには直接答えず、「バンダル、いったん始めれば、サダムはおしまいだよ」と語った。ウッドワードによれば、バンダル王子が二日後にブッシュ大統領に面会して改めて確認すると、大統領は「彼らのメッセージは私のものだ」と答えた。

二〇〇一年三月一五日、ブッシュ大統領に面会したバンダル王子は、湾岸戦争後に米英仏がイラクで行う飛行禁止空域のパトロールが軍事的にも、財政的にも、政治的にもサウジアラビアに犠牲を強いるものである一方で、サダム・フセイン政権にダメージを与えていないと苦情を述べている。

飛行禁止空域のパトロールは、サウジアラビアのダーラーンなどの基地から出動していったが、バンダル王子はこのパトロールが、イラクがサウジを敵視する要因となり、またサウジの基地を使用することが国内からの反発を招き、基地の使用コストが自国の経済的負担になっていると述べたが、それに対してブッシュ大統領は仮にイラクに軍事行動を起こすことがあれば、それは決定的なものになり、イラクの反体制勢力は不要で役立たずだと述べ、米国が直接イラクに軍事行動を起こす意図を伝えた。

二〇〇二年四月二四日から二五日にかけて、サウジアラビアのアブドラ（アブドゥッラー）皇太子（後のアブドラ国王）がテキサス州のヒューストンにブッシュ大統領と会談するために随行員を伴いジェット機で到着したが、その中に米国当局から指名手配されていた者が一人、またテロリストとして警戒されていた人物が二人いた。FBIは拘束する用意をしていたが、国務省はサウジアラビアとの外交的トラブルを恐れて躊躇した。「ウォールストリート・ジャーナル」（二〇〇三年一〇月一三日付）は、これら三人がどうなったかは詳細が明らかでなく、国務省関係者に尋ねても誰もコメントしなかったと報じている。

翌日、九・一一の実行犯と関わりがあったとされる既述の情報機関員ウッサーマ・バッスナーンは、ヒューストンの警察に彼のパスポートが盗まれたという届け出を出した。バッスナーンはアブドラ皇太子、バンダル王子、またブッシュ大統領、チェイニー副大統領など米国政府高官たちとともにヒューストンにいたことになる。

米国防総省と武器商人カショギの癒着

調査報道記者セイモア・ハーシュは、リチャード・パール米国防政策委員会委員長が「利益相反」で有罪であると『ニューヨーカー』誌（二〇〇三年三月九日付）に書いた。国防政策委員会は国防総省の諮問機関だが、ハーシュ記者は、リチャード・パールが、武器商人アドナン・カショギと食事をともにしたり、軍事産業に関係のある会社の顧問をしたりするのは、明らかな利益相反にあたると主張した。国防総省という米国民の利益を図るべき立場にいながら、パールは自分の利益を優先していたことになる。

この記事の訴えに対して、パールやネオコン勢力の反発は激しく、パールはハーシュ記者の主張が悪意あるものと抗議し、彼を「テロリスト」と形容した。しかし、パールはハーシュ記者によって明らかにされた利益相反行為によって、二〇〇三年三月二七日に国防政策委員会委員長を辞職している。

リチャード・パールは武器商人のアドナン・カショギとも面会し、また彼はベンチャー企業のトライレーム・パートナーズ（Trireme Partners）の業務執行取締役であったが、この企業はイラク戦争への投資で巨利を得た。アドナン・カショギによれば、二〇〇三年一月にパールはカショギと会い、トライレームに投資するサウジアラビアの富裕な投資家たちを見つけることを手助けしてくれるように要請した。パールは、サウジアラビアのビジネスマンのハルブ・ズハイルとともに、トライレームに一億ドルを投資するコンソーシアム（共同事業体）をつくり上げようとしたが、軍需産業のボーイング社はここに二〇〇〇万ドルを投資し、戦争から利益を上げる姿勢を露骨に見せた。[*13]

ズハイルはサウジ国籍ではあったが、イラク生まれで、戦争ではなく、サダム・フセインのイラクと和平を達成できれば、より多くの投資ができ、イラクをはじめとする中東地域の発展を図れると考えていた。

カショギ、ズハイル、パールらの会談は二〇〇三年一月に、パールが休暇をとっていたフランス南部のマルセイユで行われた。ズハイルはイラク問題の平和的解決を提案したが、これは戦争で利益を上げることを望んだカショギやパールには受け入れられないことだった。カショギとパールの関心は、トライレームに投資するサウジアラビアのビジネスマンを探すのをズハイルに促すことにあった。カショギがセイモア・ハーシュ記者に話したところによれば、トライレームが莫大な利益を上げるかどうかは、イラク開戦にかかっていたという。

バンダル王子はハーシュ記者に、パールとトライレーム、またサウジアラビアのビジネスマンとの接触は純粋にビジネスにすぎないと述べたものの、一九九一年の湾岸戦争後にパールがサウジへの安全保障システムの売却に失敗したことがあるとも語った。

投資家で、パールのビジネス仲間であるゲラルド・ヒルマンは、カショギにマルセイユでの会談前の二〇〇二年一二月にメモを送ったが、その内容はサダム・フセインが、イラクが大量破壊兵器を開発し、保有したと認めれば、米国はフセインが直ちに辞任し、その息子たちや閣僚たちとともにイラクを離れることを認めるというものであった。

このメモはヒルマンが作成したものであったが、その内容は一カ月後に、サウジアラビア人が発行するロンドンの「アル・ハヤト」紙で報じられ、米国政府の公式的性格をもつものとして発表された。「ハヤト」紙の記事はパールなど米国の政府関係者たちが、イラクとの戦争を避けるために秘密の会合をもち、平和的解決の条件としてサダム・フセインが大量破壊兵器獲得の意思を放棄することが求められる、という内容であった。

黒い送金と賄賂

二〇〇二年後半、米国連邦銀行検査官はリッグズ銀行への調査を開始した。それは駐米サウジアラビア大使館が九・一一の前にリッグズ銀行の口座を通じてサンディエゴにいた二人の九・一一の実行犯の仲間たちに資金を提供したという疑いがあったからだ。

さらに、二〇〇一年七月一〇日に、サウジ大使館が、マサチューセッツ州にいる二人のサウジアラビア人に七万ドルを振り込んだが、そのうちの二万ドルが九・一一の首謀者の一人と目されるハーリド・シェイフ・ムハンマドと信じられている微生物学者の「アーフィア・スィッディキー（Aafia Siddiqui）」なる人物によって現金化されていた。

銀行検査官は『ニューズウィーク』誌に、大使館の口座がイスラム的慈善事業の名の下に運用されていると指摘し、それが連邦銀行検査官の精査の対象となったと語った。

リッグズ銀行とCIAの間には少なからぬ関わりがあったが、バンダル王子とCIAとの親密な関係によってサウジ大使館の不正な金融取引が見逃されていたのではないかという疑惑が生じた。バンダル王子は前述したように、八〇年代のアフガン支援や、ニカラグアのコントラへの資金援助を通じて、CIAとの協力関係ができ上がっていた。

一九八五年にイギリスのサッチャー首相は、イギリスの兵器産業BAEの武器売却についてバンダル王子と交渉を行ったが、この武器取引（ヤママ契約）でバンダル王子に支払われた手数料もワシントンのリッグズ銀行の口座に振り込まれた。

このスキャンダルは二〇〇六年に捜査が打ち切られたが、法よりも企業の利益（イギリス政府は「国益」と表現した）を優先させ、追及の手を緩めたブレア政権の方針に批判が集まった。前にも紹介した通り、二〇〇七年六月にBBCや「ガーディアン」紙は、バンダル王子にBAEから過去一〇年間で一〇億ポンド（約二四〇〇億円）が支払われたと報じた。

二〇〇六年にイギリスのゴールドスミス法務長官は「国益を守るために捜査を中止する」と述べたが、イギリス政府はサウジアラビアとの関係を損なうことによる経済的な損失を考えたに違いない。ヤママ契約は、総額四三〇億ポンドでイギリス史上最大の武器売却契約だった。武器契約に関してサウジアラビアに賄賂を払うのは当たり前と発言するイギリスの政治家もいたほどだ。バンダル王子の父親で、二〇〇五年から二〇一一年まで皇太子であったスルタン王子も、一九六二年から死去する二〇一一年まで国防相であったが、一九七一年に駐サウジアラビアのウィリー・モリス英大使は、スルタン王子はあらゆる契約に邪《よこしま》な関心をもっていると述べたことがある。

「四〇〇〇億のビルを建てるのに、私が五〇〇億ドル受け取った。それがどうしたの？」
「腐敗はわれわれが発明したものではない。腐敗はアダムとイブの時代からある。それが人間というものだよ」[*14]――バンダル王子（二〇〇一年九月のインタビュー）

二〇〇五年八月、バンダル王子は、駐米大使を辞任し、トゥルキー・アル・ファイサル王子がその後任となった。トゥルキー王子も一九七九年から九・一一の一週間前まで総合情報庁長官であり、その後三年ほど駐英大使となった。

トゥルキー王子は八〇年代、アフガニスタンでの対ソ戦争で、オサマ・ビンラディンらとも協力して、アラブ諸国から義勇兵を募った人物だ。ビンラディンと親しい関係を築き、彼と面談を重ね、アフガニスタンでハヤブサ狩にも二人は同行することがあった。米国もまたこのトゥルキー王子のビンラディンやアフガニスタンのムジャヒディンに対する接触や交流、関係を利用していた。彼は二〇〇二年に、二〇〇一年の九・一一同時多発テロの犠牲者の家族から損害賠償請求の訴訟を起こされたことがあった。

イラクの反政府シーア派組織

二〇〇六年一一月にチェイニー米副大統領は、アブドラ国王とバンダル王子と会談するためにサウジアラビアに向かった。アブドラ国王はチェイニー副大統領に、イラクから米軍が撤退すれば、サウジがスンニ派にシーア派と戦う資金を与えるつもりだと語った。仮に民族浄化などイラク情勢が悪化すれば、戦争に関わらざるをえないだろうとも述べたが、アブドラ国王が懸念したのは、イランの支援を受けるシーア派の影響力が定着し、それがさらに他の中東イスラム地域に拡大していくことだった。

イラクでは、オスマン帝国時代からスンニ派が支配する社会構造になっていたが、それはオスマン帝国の支配層がシーア派よりもスンニ派を好んだこともあり、その流儀をイギリスの委任統治も踏襲したからだ。

そうした歴史的背景もあって、イラクが独立してもサダム・フセインなどスンニ派の少数支配が行われ、最大多数であるシーア派は支配される側であったが、実際のところは、イラク人は米国やサウジアラビアが考えるほど宗派意識は明確ではなく、宗教的慣行から両派が一緒に金曜礼拝に参加するなどのケースは多々見られた。米国が主導したイラク戦争は、イラクの宗派意識を際立たせることになり、サウジなどがスンニ派を支援することによってその対立をより激化させてしまった。

イラクではフセイン政権時代に反体制的性格をもつシーア派の政治勢力は脅威と感じとられ、一九八〇年四月、ターリク・アズィーズ副首相に対する「イラン出身のイラク人」による暗殺未遂事件が起きると、フセイン政権はシーア派の不穏と思われる勢力に対する弾圧に乗り出していった。イラクのシーア派の高位聖職者のムハンマド・バーキル・アル・サドルは捕らえられて直ちに処刑され、またシーア派の反体制組織であるダワ党の党員たちは死刑を含む極刑に処せられた。

一九八〇年代にイランに亡命していた反政府シーア派勢力は、イラク・イスラム革命最高評議会（ＳＣＩＲＩ）を結成した。中心になったのは、シーア派の聖職者であるムハンマド・バーキル・アル・ハキーム（一九三九～二〇〇三）だったが、亡命先のイランの支援を受けてSCIRIはイラン・イラク戦争中はイラク軍と戦った。

SCIRIの指導者たちは、フセイン政権の崩壊とともにイラクに帰還し、イラン型のイスラム国家の創設を目指したが、イランとの親密な関係が他の勢力、特にスンニ派の不信を招くようになる。イラク新政府の内務省で影響力をもつようになったSCIRIは、政敵のスンニ派の人物たちに対する暗殺作戦などを展開し、イラクの混迷を招く一要因をつくった。

ブッシュ政権からスンニ派武装組織への資金提供

サウジアラビアにとって、SCIRIなどイラクでのシーア派の勢力伸長は、他の中東諸国だけでなく、自国にもシーア派の政治運動が波及しかねないという危惧をもたらすものであった。サウジ東部におけるシーア派住民たちの動静は、イラン革命後に暴動が起きたようにサウジ王政にとって継続する懸念要因であり続けている。

特に二〇〇五年にアブドラ国王が即位するとイランやシーア派の脅威が強調されるようになった。二〇〇六年になると、米国のイラク政策はイランの影響力拡大を食い止めるというものに変わっていった。ブッシュ政権は、サウジによるイラクのスンニ派武装集団に対する支援を黙認したが、その中にはイラク国内で米軍に対する攻撃を行う組織もあった。

米国の情報機関のある元職員は調査報道記者セイモア・ハーシュに対して、ブッシュ政権は中東のシーア派の影響力拡大に対抗してスンニ派の軍事能力を高めようとしているが、このプロセスの中で邪悪な勢力にも金を与えていると語った。ハーシュによれば、ブッシュ政権はレバノンでもスンニ派の武装集団の活動資金を与え、それがレバノン北部、ベカー高原、また南部のパレスチナ難民キャンプ周辺の情勢を悪化させることになった。これらのグループは小規模ながらもアルカイダのイデオロギーを共有していた。

他にも米国の資金は、シリアのムスリム同胞団にも流れていたが、これは反イスラエルの立場を厳格にとる組織である。スンニ派を支援するこうした方針を主導したのは、チェイニー副大統領、エリオット・エイブラムス、元駐イラク大使のザルメイ・ハリルザードらネオコン勢力であり、またバンダル王子も関わっていた。

この計画はチェイニー副大統領によって練られていたが、一九八〇年代にアフガニスタンで戦うムジャヒディンやアラブ義勇兵たちに武器や弾薬を与え、彼らが反米のテロを含めた活動を行うことになったことを彷彿させるものでもあった。イランの脅威を感ずる米国とサウジアラビアは「テロリスト」とも思える集団に支援を行うようになった。

イスラエルとサウジの極秘関係

二〇〇五年に、駐米大使を退任してアブドラ国王の安全保障問題担当のアドバイザーとなったバンダル王子は、ワシントンで国家安全保障会議（NSC）の中東問題担当のエリオット・エイブラムスとたびたび会談し、イランの影響力を封じ込めるため、ブッシュ政権の中東政策の新たな方針について話し合った。

バンダル王子の姿勢は当時後任の駐米大使であったトゥルキー王子の領域に足を踏み入れるもので、彼の反発を招き、対米外交から排除されたと感じたトゥルキー王子は二〇〇七年一月に大使を辞任した。トゥルキー王子は、米国とイランの直接対話を提唱していたが、他のサウジアラビアの政府指導者の多くが、イランとの戦争を主張していた。

二〇〇七年一一月にエリオット・エイブラムスに会ったバンダル王子は、九・一一の事件前にサウジアラビアは実行犯たちの動静について正確に把握しており、米国の治安当局が真摯に適切に対処していれば、事件を防ぎ得たと述べ、サウジが九・一一について責任を負うものではないという考えを明らかにした。

二〇〇〇年代に入ると、イスラエルの諜報機関であるモサドは、サウジアラビアなど湾岸諸国との接近を図っていったが、その背景にもイランをはじめとするシーア派の影響力拡大に対する警戒があった。

イラン革命の最高指導者であるホメイニがイスラムの聖地エルサレムを占領・支配するイスラエル国家の解体を説き、また一九九一年の湾岸戦争でイスラエルにスカッド・ミサイルを撃ち込んだサダム・フセインが二〇〇三年のイラク戦争で除かれると、イスラエルにとってイランはその安全保障上の脅威とますます意識されるようになっていった。サウジアラビアは、二〇〇六年のイスラエルによるレバノン南部のヒズボラの拠点攻撃を支持した。

イスラエルは、ロケット弾を北部に撃ち込まれたりするなどヒズボラの活動に悩まされていたが、二〇〇六年七月一二日にはヒズボラのイスラエル領への越境攻撃によってイスラエル兵三人が死亡し、二人がヒズボラによって拉致された。

これに対して、七月三〇日にイスラエル空軍がレバノン南部の町カナに空爆を行い、救援を待っていた障害をもつ子どもたち一五人を含む三七人が犠牲になるなど、イスラエルは国際的な非難を浴びた。イスラエル軍は一〇〇人以上の戦死者を出しながら、ヒズボラに決定的なダメージを与えることができないまま、八月一三日に国連の停戦決議を受け入れざるを得ず、このレバノン侵攻は決して成功したとは言えなかった。

イスラエルの停戦受諾から一カ月後の九月一三日に、イスラエル・モサドのダガン長官はオルメルト首相とともにヨルダンのアンマンを訪問して、ヨルダンのアブドラ国王、またサウジアラビアのバンダル王子と会談した。バンダル王子はこの会談の中で、イスラエルが米国のサウジアラビアへの武器売却に反対しないように要請した。この会談はイスラエルのメディアによって報道されることになり、イスラエルとアラブの国のサウジアラビアの極秘の関係はしばらく発展しなかった。

サウジのIS支援でシリア内戦が激化

バンダル王子は、二〇一二年七月にサウジアラビアの情報機関・総合情報庁長官に就任したが、シリアやイラクでは、サウジが反シーア派の武装集団を支援し、それがISに発展したと見られている。

ISは、二〇一四年六月にイラク北部のモースルを支配するようになると、シーア派のモスクや聖廟を爆破するようになり、また異端と考えるヤジディ(ヤズィード)派の人々を虐殺したり、同派の女性たちを奴隷のように扱ったりして、そのエスニック・クレンジング(民族浄化)のふるまいは国際社会の強い批判を浴びた。イギリスのMI6の長官であったリチャード・ディアラヴは、二〇一四年七月のイギリス王立防衛安全保障研究所での講演で、ISがイラクのスンニ派地域に勢力を拡大するのに、サウジとカタールが財政的に支援を行ったという考えを明らかにしたが、サウジでその動きを主導したのはバンダル王子だった。

トルコ・イスタンブールで殺害されたジャマル・カショギ記者は、バンダル王子のことを他のサウジアラビアの外交官とは異なってきわめて攻撃的で、シリアのアサド政権を崩壊させようと思ったら、必要な手段を用いてできるだけ早くに実現させようとする人物だと述べている。サウジアラビアは、ファイサル外相が二〇一二年に反政府勢力に武器を与えることはとてもよい考えだと述べたように、シリア内戦をいっそう悲劇的なものにした。

シリア内戦が進行中にバンダル王子が総合情報庁長官に据えられたことは、彼の外交官としてのキャリアが評価されたということもあったに違いない。シリア内戦では、アサド政権を崩壊に導くために、多くの国にサウジに対する支持をとりつける必要があった。

ジョン・マケイン上院議員は二〇一四年二月、ミュンヘン安全保障会議でシリア政策についてサウジアラビアとカタールに公に謝辞を述べ、シリアの反政府武装勢力に武器を与えたバンダル王子を称えた。しかし、マケイン上院議員の賛辞から間もない同年四月にバンダル王子は総合情報庁長官の職を解かれた。反アサドの武装勢力にはアルカイダと関係があるヌスラ戦線と、シリアからイラクまで支配したＩＳという二つの過激な集団が活動していた。シリアでヌスラ戦線に支持を与えたのはカタールであったが、ＩＳはサウジアラビアが支援を行っていた。

米国、フランス、トルコは、思想的に穏健な自由シリア軍（FSA）を支援し、カタールやサウジアラビアにも同様の方針をとるように促していた。

バンダル王子が総合情報庁長官を事実上解任され、ナーイフ王子がその後任になると、サウジはようやくISへの支援を停止させたが、しかしサウジ国内からの私的な支援は継続した。ISのカリフ国家創設は、サウジの支援があって可能であり、一九八〇年代のアフガニスタンにおけるムジャヒディンやアラブ義勇兵たちと同様に、ISはモンスター化していった。

ジョン・マケイン米上院議員は、シリアの武装勢力を利用してシリアのアサド独裁政権を打倒しようとしたが、しかし中東では独裁体制の後に必ずしも民主的な政権が現れることはなかった。リビアではカダフィー政権が打倒されても安定した政権が成立せず、やはり過激な武装勢力が政権の中に入っている。バンダル王子の後先を考えない武装勢力への支援はシリアやイラクでも混乱をもたらし、二〇一八年七月にISのテロ事件が発生するなどサウジアラビアの安全にとっても重大な脅威となっている。[*15]

クリントン国務長官の懸念

二〇一三年九月、バンダル王子はヨルダンのアンマンを訪れ、シリア問題に関してヨルダンの協力を求めた。バンダル王子はシリアのアサド政権打倒を画策していたが、そのために先鋭な方針を追求し、欧米諸国や、ヨルダンのような地域内国にもサウジアラビアと同調することを促す外交的働きかけが必要と彼には考えられた。

一三年九月に親イランのイラク・イスラム最高評議会（SIIC、既述のSCIRIが発展して改称）が運営するイラクの衛星放送「アルフォラート・ニュース（Alforat News）」は、バンダル王子が米国の高官たちに数千万ドルの資金をロビー活動として用いてシリアに対する軍事攻撃を米国が行うように促したことを報じた。サウジアラビアがシリアのアサド大統領の出身宗派で少数派のアラウィー派を異端と考え、アサド政権の長年にわたるイランとの同盟関係を快く思っていなかったことは間違いない。米国を説得するには長年駐米大使を務めていたバンダル王子は都合のよい人物だった。

サウジアラビアはアルカイダのような過激派組織が台頭し、それが王政にとって脅威になることを恐れていたが、そのことも二〇一四年にバンダル王子が総合情報庁長官から解任された理由となった。バンダル王子の見込みとは異なって、ISが二〇一四年六月にイラクで実効支配するようになると、米国はイランと事実上軍事協力を行うようになり、イランの革命防衛隊は、イラク国内でISと戦うようになった。

バンダル王子は総合情報庁長官を解任された後も、国家安全保障会議事務局長の職にとどまり、国王顧問、国王特使としても活動した。サウジアラビアの目的は、イラクとシリアの親イランの政権を不安定化させることにあり、そのためには、これら二国で最も強力であった反政府武装勢力のISとの共闘も視野に入れていた。バンダル王子は、ムスリム同胞団を支援するカタールの影響力拡大も封じようとした。

バンダル王子のシリアの反政府勢力支援を取り仕切るという政府内の職務は総合情報庁長官を解かれた日で終わり、その職責はハーリド王子に委譲されたはずだったが、その後もバンダル王子はジハーディスト（ジハードを武力による戦いと狭くとらえる人々）との関係を維持し、ソチ・冬季オリンピック（二〇一四年二月）の前に、アサド大統領への支援をロシアが止めれば、ロシアから兵器を購入すると申し出た。

仮にロシアがこの提案を拒否すれば、サウジアラビアが支援する武装集団はソチ・オリンピックを標的にしてロシア国内で活動を活発化させるだろうと述べたともされる。さらにウクライナでの親ロシア勢力と戦う中にも、サウジと関連があるチェチェンやダゲスタンの武装集団がいて、これらのグループはゴラン高原ではイスラエルのモサドと連携しながらアサド政府軍と戦っていると見られていた。*16

真偽のほどはともかく、こうした事例が示されるのは、それほどサウジアラビアがイスラムに訴える過激な集団との関わりが深いということだ。

二〇一六年にウィキリークスが明らかにした、一三年の離任直前のクリントン国務長官の電子メールには、ISやその他のスンニ派の過激な集団に財政的、また武器や輸送など支援を与えるサウジアラビアやカタールに対して、収集した情報を駆使して外交的に圧力を加える必要があると述べられている。

この電子メールは、米国政府が、サウジアラビアがISに対して支援を行っていることを認めていたことを示している。さらにウィキリークスは、二〇一三年一〇月のクリントン元国務長官の談として、サウジアラビアほど過激主義のイデオロギーが普及した国はなく、サウジが、米国が穏健と考える勢力とは異なる過激な人物たちに無差別に武器を供与して将来に問題を起こしかねないと語ったとしている。

ウィキリークスが暴露した二〇〇九年のクリントン国務長官の電子メールも、サウジアラビアが世界中のスンニ派のテロリストたちに資金を供給しているとの彼女の見解が語られ、国務省のメモでは、サウジがアルカイダ、タリバン、ラシュカレ・タイバを支援していると述べられている。

さらに、二〇一四年のクリントン元国務長官の電子メールは米国がISと戦うべきであると主張する一方で、それによってバッシャール・アサド大統領が利益を得ないようにとも添えられている。そして、ＩＳを打倒後に自由シリア軍に対して重点的に支援を与え、アサド政権打倒の作戦に傾注するとも書かれている。

この通りに、米国オバマ政権はアサド大統領の打倒を目指す一方で、サウジアラビアが支援するＩＳとも戦うという複雑で困難な目標を追求した結果、シリア政策では、ロシアの軍事介入もあってアサド政権軍が自由シリア軍を軍事的に圧倒し、まったく成功することができなかった。[*17]

ムハンマド皇太子による外交政策の転換

バンダル王子は二〇一七年一一月にサウジアラビアのムハンマド皇太子による反腐敗キャンペーンの一環として、不正蓄財の容疑で逮捕された。この逮捕はムハンマド皇太子による外交政策の転換を表すものとも考えられる。

ロシアが介入したシリアはアサド大統領の復権が明らかになり、また反政府武装勢力の弱体化が顕著になって、ムハンマド皇太子主導のサウジアラビアの関心は、シリアよりも二〇一五年三月に空爆を開始したイエメン、また封じ込めを行うカタールにその重点が移行していった。

サウジアラビア王政の世代交代、権力闘争の中で、サルマン国王の支持を得て優位に立ったムハンマド皇太子には、対米外交に絶大な影響力をふるったバンダル王子は障害とも映ったに違いない。実際、米国がトランプ政権になると、ムハンマド皇太子は、トランプ大統領の娘婿のジャレッド・クシュナー・ホワイトハウス上級顧問と親密な関係を築くなど、旧世代のサウジアラビアの王族を頼らない対米外交を行うようになった。

サウジの黒いバンカー、マフフーズ

ハーリド・ビン・マフフーズ（一九四九〜二〇〇九）は、サウジアラビアの銀行家・投資家で、一九五一年に創設されたサウジアラビア初の民間銀行「国立商業銀行（NCB）」の創設者サーレム・ビン・マフフーズの息子である。サーレムはイエメンからサウジ西部のジェッダに移住し、小規模な両替商から銀行創設にまで至った人物である。ハーリド・ビン・マフフーズ（以下マフフーズ）は、二〇〇八年にフォーブスの世界長者番付で二一四位にランクされた。

九・一一の同時多発テロで実行犯一九人のうち一五人がサウジアラビア人だということが判明し、サウジアラビア人の富裕層の実行犯たちへの支援が疑われるようになると、マフフーズも関与が疑われることになった。

マフフーズはBCCI（バンク・オブ・クレジット・アンド・コマース・インターナショナ

ル、本社ルクセンブルク）の大株主で、二割から三割の株式を保有するほどであったが、このＢＣＣＩは、マネー・ロンダリング、贈収賄、テロ支援、武器密輸などの犯罪行為に関わっていた。特にＣＩＡが関与した八〇年代のニカラグアのコントラやアフガニスタンのムジャヒディンへの支援もＢＣＣＩを通じて行われた。

サダム・フセインやパナマのノリエガなどの独裁者たちもＢＣＣＩを利用して私腹を肥やしていたと見られているが、結局九一年に経営破綻した。ＢＣＣＩが不正に得た資金は一〇〇億ドルとも、一五〇億ドルともいわれている。

ジャーナリストのクレイグ・アンジャーの著書『ハウス・オブ・ブッシュ、ハウス・オブ・サウド（House of Bush, House of Saud: The Secret Relationship Between the World's Two Most Powerful Dynasties）』（二〇〇四年）によれば、マフフーズはオサマ・ビンラディンの組織に、ビンラディンの兄サーレム・ビンラディンの要請で二七万ドルを寄付したという。マフフーズは、一九八〇年代にアフガニスタンで対ソ戦争を戦うムジャヒディンを支援するためのムワッファク（「繁栄する」などの意味）財団の設立を支援した。マフフーズはこの財団に三〇〇〇万ドルの支援を行った。

一九九三年にサウジアラビアは六一機のボーイング社製の旅客機を購入し、その総額は七〇億ドルに及んだが、当初ボーイング社はフランスのエアバス社と激しく競合していた。

ボーイング社はその売り込みに成功するために、サウジ王室に影響力があるマフフーズの仲介が必要というアドバイスを得た。その通りにボーイング社の旅客機売り込みに関わったマフフーズは仲介料として、飛行機売却価格の五％を受け取ることになっていたが、しかし後の裁判記録などによると一〇〜一二％に上る高額の謝礼を受け取っていた。

同九三年にクリントン政権は、クリストファー国務長官をサウジアラビアに派遣してファハド国王と会談させ、ボーイング機購入の圧力をかけた。サウジとの取引では正規の価格よりも上乗せした分が手数料や賄賂として支払われる慣習となっていたが、マフフーズはボーイング社との取引で七億ドルの報酬を得て、そこからさらに当時のサウジの国防大臣であったスルタン王子などに渡っていったと見られている。[*18]

アンジャーの著書『ハウス・オブ・ブッシュ、ハウス・オブ・サウド』では、マフフーズとイスラムに訴える過激な集団との関係ばかりでなく、彼とブッシュ・ファミリーとの関わりも明らかにされている。ブッシュ大統領は、テロとの戦いを唱えたものの、アルカイダを育てることにも貢献したような外国の富裕層との関係をもっていたことが暴露された。

マフフーズとブッシュ・ファミリーとの交流は、アンジャーによれば、一九七〇年代に始まった。実業家のジェームズ・バス（一九三六年生まれ）はテキサス州空軍に在籍していた当時、ジョージ・ブッシュと知り合ったが、バスはマフフーズとも、オサマ・ビンラディンの兄のサーレム・ビンラディンとも親しい関係にあった。一九七七年にマフフーズとバス、そしてジョン・コナリー元財務長官は、ヒューストン・メイン・バンクを買収した。バスはBCCIの元役員でもあり、マイケル・ムーア監督の映画「華氏911」（二〇〇四年）によれば、ブッシュ大統領は一九七八年、父親の援助で石油採掘会社を立ち上げた際に、バスも融資している。

アンジャーの著書によれば、一九八二年にマフフーズとその兄弟は「テキサス商業銀行（the Texas Commerce Bank）」とともに、ヒューストンの高層ビルを建設した。銀行はジェームズ・ベイカーの家族経営によるものだった。ジェームズ・ベイカーは先代ブッシュ政権時代に国務長官を務めた人物である。一九八七年に、マフフーズとアブドゥッラー・ターハー・バフシュは後に大統領となるジョージ・ブッシュの「ハーケン・エナジー」の経営危機を救うために一七％の株式を購入した。

ブッシュ・ファミリーの闇

一九九〇年に、バーレーン首相のハリーファ・ビン・サルマン・アール・ハリーファはバーレーン沖の石油の掘削権をハーケン・エナジーに与えたが、このバーレーンの首相は

ＢＣＣＩの株主であり、マフフーズはＢＣＣＩの株の二割から三割を所有していた。

さらに、アンジャーの著作によれば、マフフーズの二人の息子はブッシュ・ファミリーと関係のあるカーライル・グループに三〇〇〇万ドルの投資を行っていた。サウジアラビアの富豪たちとブッシュ・ファミリーの関係に見られるように、サウジと米国は経済活動を通じても関係を深め、二人の大統領を輩出したブッシュ・ファミリーとの関わりのように、サウジは政界にも重大な影響を及ぼすこともあった。

ブッシュ・ジュニアはカーライルの傘下にある投資会社カタレイア（Caterair）の株式を保有していた。カーライルは二代にわたるブッシュ大統領の選挙キャンペーンの主要な貢献企業の一つであった。カーライルの経営諮問委員会には、パキスタン・ラホールを拠点にし、マフフーズによって経営される「プライム・コマーシャル銀行」の重役であるサミ・バアルマがいた。

カーライル・グループは、九・一一の同時多発テロ後に国土安全保障省ができると、その予算から莫大な利益を上げていった。カーライルの子会社の二つの調査企業は、民間航空会社の安全に関する情報を国防総省やＣＩＡ、また国土安全保障省に提供することで、数十億ドルとも見られる契約を交わした。

また同じくカーライルの子会社であるヴォート・エアクラフト・インダストリーズは、

C－117輸送機やB2爆撃機、またアパッチヘリの装備品を提供した。ヴォート・エアクラフト・インダストリーズは、二〇〇一年の同時多発テロ以前は経営難に陥り、一二〇〇人余りの従業員たちをレイオフした。二〇〇一年にカーライル・グループは、やはり子会社であった軍需産業のユナイテッド・デフェンスのクルセダー砲撃システムの購入を国防総省が実現するようにロビー活動を行ったが、これは成功しなかった。

このように、カーライル・グループはブッシュ大統領が始めた対テロ戦争で莫大な利益を得るようになった。*19

アンジャーは、特にマフフーズがテロリズムに財政支援を行っていたことを問題視するが、マフフーズは自らのアフガニスタンのムジャヒディンへの資金援助を認めたうえで、それはソ連の影響力を封じ込めようとする米国を支援するもので、米国の外交政策に沿ったものだったと主張している。また、ムワッファク財団の資金がアルカイダに流れていたことについては、自身はまったく関知しておらず、弁護士に調査させるとも述べた。さらにアンジャーは、米国がアルカイダによるケニア・タンザニアの米国大使館爆破事件の後で、アルカイダに関連があるとして報復攻撃したスーダンの製薬工場の所有者サーレハ・イドリースとマフフーズが経済活動の仲間であったことを明らかにしている。

クリントン政権は当初、このスーダンの製薬工場がスーダンの国営企業の所有で、オサマ・ビンラディンによって資金援助を受けていると主張したが、工場がサーレハ・イドリースの所有のものだと判明すると、その主張を撤回し、イドリースとテロリズムとの関係を告発し、彼の資産を凍結した。それにもかかわらず、イドリースが訴訟にもちこむと、米国政府はイドリースとテロリズムとの関係について証拠を提示することもなく、イドリースの資産凍結を解除した。[*20]

BCCIという共通項

二〇〇七年に米国議会は、ブッシュ大統領のイラク開戦にあたっての口実であるサダム・フセインとオサマ・ビンラディンとの関係が実在したのかを調査していた。もちろん、イスラム主義者のオサマ・ビンラディンと、社会主義に訴え、世俗的なサダム・フセインとの間には直接的な協力関係はないものの、調査はBCCIという共通項がフセインとビンラディンとの間にはあったと見なした。フセインはBCCIで不正に蓄財を行い、またビンラディンは自らの活動資金を、BCCIを通じて得ていた。しかし、この調査はオサマ・ビンラディンとフセインの関係を飛び越えて、サウジアラビアとブッシュ・ファミリーとの関係にスポットライトを当てることになった。

BCCIはレーガン政権時代に、米国CIAがサダム・フセインに兵器を供与し、前述の通り、アフガニスタンのムジャヒディンや、オサマ・ビンラディンなどのアラブ義勇兵たちに対する資金提供を行い、さらにイラン・コントラ事件においても利用された銀行である。

一九七二年、パキスタンの銀行家アガー・ハサン・アベディによって創設されたBCCIは、アブダビの首長で、UAEの大統領であったザーイド・ビン＝スルターン・アール＝ナヒヤーンの支援を得ていた。BCCIは資金洗浄をもっぱら行い、麻薬や武器の密輸、独裁者や政治家の不正蓄財、過激な武装集団への資金供与に使われていった。特にパキスタン・イスラマバード支店は、CIAがアフガニスタンのムジャヒディンやアラブ義勇兵たちに資金を供与するのに都合がよかった。さらに、一九八五年から八九年にかけてサダム・フセインのイラクが武器を購入するための資金をCIAが極秘裏に貸与するのにも使われた。

一九六三年から七九年までサウジの総合情報庁長官を務めたカマール・アドハムは、中東でCIAの連絡役を務めていたが、彼はBCCIの最大の株主の一人であった。

先代ブッシュ大統領は、彼がCIA長官であった一九七〇年代中期からアドハムと交流があった。また、アドハムの後任となったトゥルキー王子もBCCIの有力な株主であったが、マフフーズはBCCIの株の二割から三割を保有していた。一九七六年にブッシュ・シニアがCIA長官であった時に、CIAはエア・アメリカの航空機を、バスとマフフーズが経営するスカイウェイに売却したことがあった。エア・アメリカはベトナム戦争時に主にラオスで任務に当たっていたが、CIAの特殊部隊であるSAD（Special Activities Division）に属し、武器、麻薬、食糧を空輸する作戦に従事していた。バスは当時、ブッシュ・シニアの「アルブスト・エナジー」社を財政的に支援していた。

ブッシュ・ジュニアのハーケン・エナジーはアルブスト・エナジーを吸収したが、一九八七年に経営危機に陥った。アーカンソー州の投資会社「ジャクソン・スティーブンス」は、二五〇〇万ドルをスイス・ユニオン銀行から得て、ハーケン・エナジーの救済資金とした。その後、ハーケン・エナジーの取締役のポストがサウジアラビア人のシェイフ・アブドゥッラー・ターハー・バフシュに与えられたが、その背景にはマフフーズの影響力があった。[*21]

ビンラディン一族と親しかったブッシュ・ファミリー

一九八八年にブッシュ・シニアが大統領に選出されると、ハーケン・エナジーはさらに新たな投資家を得ることになった。その中には、オサマ・ビンラディンの兄であるサーレム・ビンラディンやマフフーズも含まれていた。九・一一の事件後、ブッシュ大統領はオサマ・ビンラディンを米国の主要な敵として対テロ戦争を開始したが、実はブッシュ・ファミリーはビンラディン一族と経済的な関わりがあった。

サーレム・ビンラディンが、ブッシュ・シニアのアルブスト・エナジーにも投資していたことは「ウォールストリート・ジャーナル」など著名なメディアも報じている。ブッシュ・ファミリーとサーレムの関係は一九八八年にサーレムが飛行機事故で亡くなるまで継続した。「アルブスト」はスペイン語の「茂み」の意味だが、英語の「ブッシュ（bush 茂み）」にかけたネーミングだった。

ハーケン・エナジーは、一九九〇年にバーレーン沖の石油採掘権を与えられたが、それ以前に海外での石油掘削や海上での石油採掘の経験がない企業だった。この石油利権は父親のブッシュ・シニアが大統領になったことに配慮して与えられたものだったが、ここでもサウジアラビアが影響力を発揮したと見られている。しかし、この二つの油田の開発に乗り出したものの、石油の掘削には結局成功しなかった。

サウジアラビアはバスを通じてレーガン、ブッシュ政権の米国に影響力を発揮したが、ブッシュ・シニアがCIA長官になると、一九七六年にサーレム・ビンラディンはバスをテキサス州におけるビジネスの代理人に任命している。一九七八年にバスはサーレム・ビンラディンの代理人としてヒューストン・ガルフ・エアポートを買収した。

一九九一年の湾岸戦争で使われることになった米空軍の基地建設にもビンラディン・ファミリーは建設業者として貢献した。サーレムやオサマの父であるシェイフ・ムハンマド・ビンラディンには五〇人余りの子どもがいたが、ムハンマドの死後、事業を継いだのはサーレムだった。ゼネコンのビンラディン・グループは、ファハド国王や米国と親密な関係を築いていった。二〇〇〇年代には四万人もの従業員を抱え、サウジアラビアの諸都市やベイルート、カイロ、アンマン、ドバイに拠点を構えていた。高速道路、住宅、工場、軍事基地、さらには宗教施設の建設に従事していったが、サウジアラビアの米軍基地の建設は、サウジアラビアと米国との間の「平和の盾」協定によるものだった。[*22]

二〇〇二年一二月、ブッシュ大統領は九・一一の国家調査委員会の委員長に、共和党の元ニュージャージー州知事のトーマス・ケインを任命した。ケインは、米国のエネルギー産業大手のアメラダ・ヘス（現在のヘス・コーポレーション）の取締役だった。アメラダ・ヘスは、一九九八年にサウジアラビアのデルタ石油と組んでアゼルバイジャンの石油開発を行う合弁のデルタ・ヘスを設立した。デルタ石油の支援者の一人に、やはりマフフーズがいた。つまり、九・一一に関与した疑いがあったマフフーズと、九・一一を調査する委員会の委員長がアゼルバイジャンの石油開発でつながっていたことが米国のメディアなどでは指摘された。[*23]

タリバンをめぐるサウジとチェイニー

デルタ石油は、米国が対テロ戦争で打倒したアフガニスタンのタリバンと関係があり、米国の石油企業ユノカルが計画したアフガニスタン南部を通過するパイプライン計画でもタリバンとの交渉で主要な役割を果たした。

サウジアラビアは、パキスタンとUAEと並んでアフガニスタンのタリバン政権を認めた世界の三カ国のうちの一つであり、タリバンと強い結びつきがあった。二〇〇一年に粉飾決算が発覚して経営破綻したエンロンの元CEOのケネス・レイ（一九四二〜二〇〇六）とブッシュ・ファミリーとは親密な関係にあったが、エンロンもまたデルタ石油を介してアフガニスタンのパイプライン計画についてタリバンと交渉していた。

一九九五年秋にユノカルは、トルクメニスタンの石油とガスを輸送するため、アフガニスタンを通過してパキスタンに至る二本のパイプラインの建設契約をトルクメニスタン政府との間で結んだ。ユノカルは、アフガニスタン政府とパキスタン政府とも契約を結ばなければならなかったが、アフガニスタンの反タリバンのアフマド・シャーの政府とパキスタンはすでにアルゼンチンの企業と契約を結んでいた。しかし、ユノカルはタリバンがアフガニスタンの首都カブールを制圧すると、その一週間後にカブールにオフィスを設け、タリバンと交渉を行うようになった。タリバンとの交渉は、少なくとも一九九七年一二月まで継続した。

ユノカルとサウジアラビアのデルタ石油、さらにロシアは、トルクメニスタンからアフガニスタンを通過してパキスタンに至るパイプラインを建設する国営企業をトルクメニスタンに設立する合意に達した。この契約に乗るように、後にブッシュ政権の副大統領となるディック・チェイニーがCEOとなっているハリバートンもトルクメニスタンのエネルギー産業に技術を提供したり、採掘を行ったりする契約を一九九七年一〇月二七日に結んだ。同じ日、ユノカルとデルタ石油がトルクメニスタン―アフガニスタンのパイプラインを建設するためのコンソーシアムであるセントガスを設立した。

一九九八年二月一二日、ユノカルのジョン・マレスカ副社長は米下院での証言で、アフガニスタンにおいて米国に友好的で、統一された政府が成立するまで、アフガニスタンを横断するパイプラインは建設しないことを表明した。彼は、トランス・アフガン・パイプラインが敷設されることで、カスピ海資源は二〇一〇年までに非OPECの石油の二〇％を産出できるという見通しを明らかにした。一九九八年八月九日に、タリバンと戦っていた北部同盟の拠点であるマザリシャリフがタリバンによって攻略されると、タリバンはアフガニスタンの国土の九〇％を支配するようになり、セントガスの計画も現実味をもつようになった。セントガスには、ユノカル、デルタ石油の他に韓国のヒュンダイ、日本の伊藤忠商事など二社、パキスタンのコングロマリット、さらにトルクメニスタン政府も参加する計画だったが、タリバン政権が国際社会で認知されない限りは、このパイプライン計画に出資されることはなかった。

二〇〇一年五月にはユノカルのアフガン・プロジェクトの主任顧問であったザルメイ・ハリールザード（一九五一年生まれ）がブッシュ政権の国家安全保障会議・南西アジア・近東・北アフリカ担当大統領特別補佐官となった。ハリールザードは、レーガン政権時代に政治問題担当国務次官特別顧問、またブッシュ・シニア政権時代に政治計画担当国防次官補を務めた。ハリールザードは、ネオコンのシンクタンク「米国新世紀プロジェクト（PNAC）」のメンバーだった。ハリールザードは、ユノカルの顧問であった時に一五〇〇キロに及ぶパイプライン計画に二〇億ドルの投資を呼びかけた人物であり、タリバン利権の関係者がブッシュ政権の要職についたことも、ブッシュ政権の対アフガン政策の矛盾を表していた。[*24]

第五章

「自由と民主主義」に反する同盟

カタールと断交したアラブ４カ国外相会合。エジプトのシュクリ外相（左）、バーレーンのハリド外相（中央）、サウジアラビアのジュベイル外相（右）、アラブ首長国連邦のアブドラ外相。2017年７月５日（AFP＝時事）

バーレーンの「アラブの春」への弾圧

二〇一一年三月一四日、日本で東日本大震災が起きた直後に、サウジアラビアはバーレーンの民主化運動を壊滅させる目的で軍事介入を行った。

米国やNATO諸国は、リビアのカダフィー政権が民主化運動を抑圧したことに対しては、その直後の三月一九日に市民を守ることを口実に空爆を開始したが、バーレーンの民主化要求運動を弾圧するために市民の犠牲が出る軍事介入を行うサウジアラビアには沈黙した。国際的な人権団体が数十人の犠牲が出たという非難を行ったものの、欧米諸国にはサウジを批判する姿勢がまるでなく、リビアのカダフィー政権とサウジに対する二重基準が明らかになった。

オバマ政権の米国は、バーレーン政府の市民への弾圧を批判しないばかりか、憲法に基づいた民主主義を求める市民たちの声や運動を支援することもなかった。ハンガリーのソルト・ネメス外務副大臣は、リビアに対して行ったような空爆を提唱したが、これは欧米諸国では例外中の例外であった。

当時、国連でイラン政府による人権侵害が問題にされ、EUはイラン政府高官の渡航や資産の凍結を発表していたが、米国もヨーロッパ諸国もバーレーン市民の民主化要求やサウジアラビア軍の撤退を求める声には耳を貸すことはなく、自由選挙の実施をバーレーン政府に促すこともしなかった。

バーレーンには米海軍の第五艦隊の基地が一九四七年から置かれるが、およそ七〇〇〇人の兵力が駐留し、米国にとっては不安定な民主主義より、王政による事態の鎮静化のほうが都合がよかったし、ここでもサウジアラビアの意向は無視できなかった。

他方で、欧米諸国はイランの核開発や人権侵害を重大にとらえ、この二重基準がイランの欧米に対する根強い不信感となり、同国の核問題に対する姿勢を頑なにさせていた。

バーレーンの民主化要求運動は、その国民の人口比では「アラブの春」が起きた国々の間では、最も多くの割合の人が支持したものであった。民主化を支持する圧倒的な勢いは、バーレーンを支配するハリーファ一族だけでなく、サウジアラビアなどペルシア湾岸の王政の国々を激しく動揺させるものであった。

ハリーファ一族を王位に留めておくためにサウジアラビアは国家防衛隊を、またUAEは警察部隊を、さらにクウェートは島国バーレーンの境界をパトロールするという名目で海軍を派遣した。この時、バーレーンに派遣されたサウジ軍の兵力は五〇〇〇人。バーレーンは島国だが、サウジとは海上橋でつながっており、その意味でもサウジ王政はバーレーンの民主化が国内政治に動揺をもたらすことを恐れた。

サウジアラビア、バーレーン、UAE、クウェート、カタール、オマーンの六カ国で構成されるGCC（湾岸協力理事会）は一九八一年に創設され、対外的な脅威に対する安全保障協力も行ってきたが、バーレーン王政はサウジアラビアなどの介入をGCCの活動の一端だと説明した。しかし、バーレーンの民主化要求運動はその国内問題であり、サウジやUAEなどの介入は、明らかな内政干渉であった。バーレーン政府は、民主化要求運動の高まりはイランの「陰謀」が背後にあると訴えたが、その明白な証拠を示すことはなかった。

イランとの亀裂を深めたバーレーン危機

バーレーンの人口（六九万人：二〇一八年）のおおよそ四分の三はイランと同じシーア派を信仰する人々で、ハリーファ一族など支配階層はスンニ派という少数派支配となっている。そのため、バーレーン王政は、サウジアラビアなどスンニ派諸国の介入の口実として「シーア派の脅威」を唱えることになった。

バーレーンの民主化要求運動は二〇一一年二月一四日に始まり、他の「アラブの春」と同様に政治改革を訴えるものであったが、この国には他国にはない宗派による分断という特殊な事情があった。支配層や、あるいは民主化要求運動を弾圧する側の治安部隊はスンニ派であり、社会経済的な特権もスンニ派に与えられていた。

　サウジアラビアなど介入した側の国々は、民主化要求運動を弾圧するのではなく、石油施設など死活的な経済インフラを防衛するためだと介入を正当化しようとしたが、しかし石油施設などは、バーレーン警察が警備に当たっていた。

　サウジアラビアは、バーレーンの王政をイラン封じ込めのための同盟と考えていたし、バーレーンの民主化が進むと、サウジにとっては「悪い前例」になり、他の湾岸の王政にも民主化要求運動が波及すると警戒した。さらに選挙によってシーア派がバーレーン政治を支配すると、イランの影響力がイラクに続いてこの国でも増大すると考えた。

　米国は、バーレーンの民主化要求運動を支持すれば、サウジやバーレーンのハリーファ一族の反発を招くが、他方で民主化要求運動を無視して、バーレーン政府やサウジの弾圧に暗黙の支持を与えれば、米国がエジプトのムバラク大統領を支援しなかったことで冷え込んだサウジとの関係を改善し、湾岸のアラブ諸王政の歓心を買うことになる。米国オバマ政権は、バーレーンの「アラブの春」では民主主義の擁護者という名誉を捨てて、湾岸の独裁的な王政の側につくことにした。

　首都マナーマやその周辺地域には、戦車が展開し、デモは催涙ガスやゴム弾などで鎮圧されていった。バーレーン政府は、シーア派に対する弾圧を強化し、シーア派の新聞「アル・ワサト」やシーア派の医療機関を閉鎖に追い込んだ。このバーレーン危機は、米国・サウジの同盟とイランとの亀裂を深めるものでもあった。

バーレーン政府は、スンニ派とシーア派の人口比を縮めるために、人権団体の見積もりによれば、六万人のスンニ派の人々を周辺地域から移住させるなど民族浄化といえる措置を講ずるようになった。さらに、これらのスンニ派移住者たちをシーア派への弾圧を行う治安部隊に編入させた。

こうした措置は、スンニ派が多数であるアラブ諸国の政府や市民からは反発されることが少なかった。バーレーンでは先述したように、シーア派を政府高官のポストに就けることもなく、また軍隊や治安部隊からもシーア派住民たちは排除されている。さらに、バーレーンのシーア派住民たちは社会の貧困層を構成するが、経済的な苦境に置かれて彼らの間では王政に対する不満が増幅していた。

バーレーンでは長年にわたって立憲君主制への移行を求める声が上がっているが、一九九四年後半にも一気に気運が高揚したことがある。この際の市民の要求は国民議会の復活であり、すべての国民に政治的権利と市民権が与えられることが要求され、デモは数週間継続し、数百人の活動家たちが逮捕された。

民主化要求運動という、もう一つの脅威

二〇一一年二月に展開されたバーレーンの民主化要求運動は、チュニジアやエジプトの大規模なデモが長期独裁政権を崩壊させた後だけに、デモ参加者は経済的にもシーア派を零落した状態に置く王政を打倒し、より民意が吸い上げられ、経済的にも貧困の改善を行う政治を実現するための千載一遇の機会ととらえるようになっていた。

サウジアラビアにとっては、バーレーンの王政を支援することは、サウジ国内でも差別、疎外されたという不満をもち続けるシーア派住民たちへのメッセージでもあり、シーア派がバーレーンの抗議運動と同様な動きをした場合は、断固たる姿勢で臨むということを見せつけることになった。

バーレーン王政の危機を受けて、サウジアラビアはGCC諸国の連帯をますます強調するようになった。二〇一一年一二月にGCCのサミットがサウジアラビアのリヤドで開催され、二つの脅威が強調された。一つはイランであり、もう一つは「アラブの春」に見られたアラブ世界の民主化要求運動である。

サウジアラビアの認識では、いずれこの二つの脅威は一体になると考えられた。イラク戦争でスンニ派のサダム・フセイン政権が倒れ、シーア派主体の体制ができ、さらにバー

レーンでシーア派住民たちの民主化要求運動が発生したり、レバノンのシーア派組織ヒズボラが力を得たりしたことは、サウジアラビアが普及を意図する厳格なイスラムの解釈の求心力がなくなることを意味した。

厳格なワッハーブ派の世界観は、それによってアラブ・イスラム世界の統一や連帯を考えるサウジアラビアの宗教的価値観の中心にあるが、シーア派の台頭はサウジが目指すイスラム世界の秩序づくりや、中東イスラム世界におけるサウジの影響力そのものを損なうものであった。

エジプトのムスリム同胞団への警戒

エジプトのイスラム主義組織ムスリム同胞団は、一九二八年にハサン・アル・バンナーが創設した。一九三〇年代に急速に発展し、「クルアーンがわれわれの憲法であり、クルアーン以外に憲法はなく、ムハンマドはわれわれのモデルである」と唱えた。

バンナーは、社会正義の実現についても、ムスリムに課せられた義務である「喜捨」を用いての貧民の救済を説き、税は富裕層からのみ取り立て、社会全般の生活水準の向上に役立てるべきであると主張した。他方で、ムスリムの義務として「聖戦」の重要性を説き、戦争はイギリスの植民地主義に直面したエジプト人にとって義務であり、しかもそれは人々を代表する集団の義務というよりは、個人の義務として自覚しなければならない、と訴えた。

ムスリム同胞団は、明確にイスラム国家の創設を主張するようになり、東方アラブ世界、スーダン、北アフリカ、さらに湾岸諸国のイスラム主義の運動はムスリム同胞団の支部として出発している。ムスリム同胞団は、第一次中東戦争が始まる一九四八年には、武器を購入し、軍事訓練を施して、パレスチナに数百名の義勇軍を派遣できるほど成長していった。

一九四八年の第一次中東戦争までに五〇万人にも及ぶメンバーを集め、学生、官吏、都市の貧困層が熱心にムスリム同胞団の集会に参加し、その指導者の演説に耳を傾けた。第一次中東戦争の間、エジプト政府によって非常事態が宣言され、政府は同胞団の解散を命じたが、この政府の強権的姿勢に対して、ムスリム同胞団はマフムード・ファフミー・ヌークラシー首相を殺害した。この暗殺への報復として政府は同胞団の創設者であるハサン・アル・バンナーを一九四九年二月に暗殺する。

ムスリム同胞団は、その指導者であるサイイド・クトゥブが処刑されるなどナセル政権の弾圧にさらされたものの、エジプトの体制にとっては常に脅威であり続けた。一九七〇年代になると、サウジアラビアに多数の同胞団員たちが弾圧から逃れていったが、その少なからぬメンバーたちはサウジアラビアの大学で教職のポストを得た。

彼らは一九九〇年代に政治改革を求める「サフワ（覚醒）運動」の一翼を担うようになり、それが王政のムスリム同胞団に対する強い警戒となった。サウジアラビアは保守的で絶対的な王政を敷き、それがわずかでも動揺することを望まない。元々議会制民主主義の中で政権獲得を目指し、改革を唱えるムスリム同胞団は王政にとって重大な脅威に思われるようになり、ムスリム同胞団の弾圧に乗り出す。その結果ムスリム同胞団員たちはサウジアラビアを離れていく。

二〇一三年七月に軍部のクーデターによってムスリム同胞団系のムハンマド・ムルスィー（モルシ）・エジプト大統領が解任されると、カタールを除くGCC諸国はこれを歓迎した。ムルスィー大統領は二〇一二年六月に民主的な選挙で大統領に就任した人物だが、そうした手法で選出されたムスリム同胞団の大統領をサウジアラビアなど湾岸の王政はまったく好ましく思わず、サウジのアブドラ国王は、UAEとクウェートを誘ってムルスィー後の軍主体の新政権に九〇億ドルの緊急援助を行った。

サウジアラビアは国家の緊急事態には人的資源の豊富なエジプト軍の支援を仰ぐことを考え続けているが、これがムルスィー政権の下では不確かになることを恐れ、またムルスィー政権がイランやカタールに接近する姿勢を快く思っていなかった。

サウジがカタールの内政に干渉する理由

外国人労働者が多いUAE（アラブ首長国連邦）は人口の一八％ほどがアラブ人であり、ムスリム同胞団はUAEの遊牧的結びつきを弱めるカルト集団のように見られ、その求心力が王政の権威を奪うものと考えられている。同様にクウェートもムスリム同胞団が体制に対する脅威と考え、ムルスィー大統領の解任を歓迎した。

サウジアラビアはムスリム同胞団をテロ組織と認定し、サウジ、クウェート、UAE、バーレーンは、二〇一四年三月にムスリム同胞団を支援するカタールから大使を召還した。

カタールの首長は、一九六一年からドーハに住むムスリム同胞団の精神的指導者と目されるユースフ・アル＝カラダーウィーと親しい関係にあり、カタールにもエジプトでの弾圧を逃れた同胞団員たちが移住し、行政やメディアなどの職に就いた。

「アラブの春」後の選挙で、エジプトやチュニジアでは同胞団系の政党が勝利したことも、旧体制を守りたいサウジアラビアにとっては警戒すべきこととなった。カタールはムスリム同胞団を介してチュニジア、リビア、シリア、エジプトで影響力を行使し、その衛星放送のアルジャズィーラは、二〇一一年に「アラブの春」を支持する論陣を張っている。

サウジアラビアは、ムスリム同胞団をあたかもスターリンが支援した共産党の細胞が東ヨーロッパ諸国を次から次へ共産化させていったのと同様な運動であるかのように見なすようになった。カタールの内政に干渉するようになり、ドーハにあるブルッキング研究所やランド・コーポレーションなど米系のシンクタンクの閉鎖を求めているのも、これらのシンクタンクの一部の研究者たちがムスリム同胞団と近い関係にあり、サウジ批判をしたと考えたためである。

カショギ記者の警告

サウジアラビアがムスリム同胞団やイランと敵対する勢力ならば歓迎するという姿勢は、ムスリム同胞団の政権をクーデターで倒したエジプトのシーシ将軍を支援したことにも見られた。イラク政府は、サウジがイラク国内のスンニ派のテロリズムを煽動していると訴え、またイスラム主義政党が与党のトルコはエジプトでのムスリム同胞団に対する非合法化をまったく支持していない。

二〇一八年一〇月にトルコ・イスタンブールで殺害されたジャマル・カショギ記者は、一八年八月二八日付の「ワシントン・ポスト」で、オバマ米大統領がアラブ世界の民主主義と変革を支持すると宣言していたにもかかわらず、一三年七月のエジプトの軍事クーデターについて、断固たる措置をとることもなく、エジプトの暴政、抑圧、腐敗、失政をもたらしたと批判した。

米国はトランプ政権になって、ムスリム同胞団に対してさらなる嫌悪を明らかにしているが、カショギ記者はムスリム同胞団の中東政治からの排除は、民主主義の可能性を中東から奪い、アラブ人たちが独裁的で、腐敗的体制の下で暮らし続けることを意味すると主張している。それはまた、「アラブの春」の政治変動によってもたらされた過激主義や難民の出現を継続させることになり、ヨーロッパの安全保障にも影響を及ぼし、ヨーロッパのさらなる極右の台頭にもつながりかねないと彼は警告している。

カショギ記者は、ムスリム同胞団などイスラムに訴える政治運動なくしてアラブ諸国における政治改革や民主主義はなく、その排除は民主主義をアラブ政治において喪失させ、アラブの人々から政治的代表を奪うものであると説いた。また、エジプトで軍事クーデターの後に成立したシーシ政権がムスリム同胞団員などイスラム主義者六万人を逮捕・拘束したことを指摘、エジプト政治は「死滅した」と断じている。カショギ記者は、ヨルダン、チュニジア、モロッコなどではイスラム主義者が政治に参加していることを指摘し、オバマ大統領がサウジアラビアやＵＡＥの圧力に屈したと述べた。

サウジによるカタール包囲網

二〇一七年六月五日、サウジアラビア、UAEなどGCC諸国はカタールとの国交を断絶し、同国がテロ組織に資金を提供しているという理由で経済封鎖の下に置いた。

カタールでは一九九五年にタミーム・アル・サーニーが、父親の首長を追放して元首の座に就いたが、この宮廷革命をサウジアラビアやUAEは、湾岸の諸王政にとって好ましくない前例と考えるようになった。この際、サウジ、UAEは反革命を画策したが、それが暴露されるとその試みを中止した。サウジアラビアはカタールに対してイランとの外交関係を断つように要求していたが、カタールはイランとガス田を共有し、イランと疎遠になることはできない。

また、GCC諸国の中でも、オマーンはイランとの良好な関係を維持し、サウジアラビア主導のイエメン空爆にも参加することはなかった。さらにクウェートもカタールへの経済封鎖に参加しなかった。

米国のトランプ大統領は、二〇一七年五月のサウジ訪問の際にイランをテロ支援国家と形容し、またサウジのカタールとの断交を容認した。サウジ訪問後には、カタールに米空軍の基地があるにもかかわらず同国を「最大のテロ資金提供国」とまで語るようになった。

サウジアラビアによるカタール包囲網は、国防相で、副皇太子であったムハンマド王子によって着手された。カタールがイランと良好な関係を保つことは、欧米や国連がイランとの核合意を成立させたこともあって、イランを経済的な大国に再び押し上げ、イランがペルシア湾岸地域の強国として覇権を掌握しかねないとサウジは考えている。

カタール問題で湾岸アラブ諸国は分裂

サウジアラビアのカタール封鎖は決して成功していない。イランとトルコはカタールに物資を送り、トルコは兵力一〇〇〇人の軍隊をカタールに駐留させるようになった。また、カタールには兵力一万人の米軍がアル・ウデイド基地に駐留し、中東における米軍の最大の基地としてシリア、イラクでのISとの戦争で中枢を担ってきた。バーレーンとは違ってカタールにサウジアラビアが軍事介入を行うことは不可能な状態だ。

サウジアラビアが同盟するエジプトのシーシ政権もカタールの封鎖にはそれほど熱心ではなく、またイエメン戦争にもサウジアラビアが期待した陸上で戦う軍隊を派遣することはなかった。

サウジアラビアとUAEは、二〇一四年六月にエジプトのシーシ政権に二〇〇億ドルの支援を与える約束をしたが、エジプトの対カタール政策やイエメン戦争での協力も、こうした経済支援の見返りという性格をもっている。元々、エジプトは一九九〇年代に過激派のテロが席巻した時代があり、サウジが普及を考えるワッハーブ派の厳格なイデオロギーに対しては警戒感があってイランとの外交関係も断っていない。

カタール政策でサウジアラビアと完全に同調しているのは実質的にはUAE一国という状態で、イエメン、リビア政府も名目的には加わっているが、これら二国は「アラブの春」後に破綻したことは周知の通りで、政府の権威は全土にまったく及んでいない。

トランプ大統領はカタール問題でサウジアラビアを支持する姿勢を見せたが、国務省や国防総省は、調停する姿勢を見せた。特にトランプ政権の初代国務長官であったレックス・ティラーソンは、石油会社のエクソンモービルの会長だった人物であり、カタールがもつエネルギー資源の重要性を認識して、封鎖を解くように説得するために、一七年七月に湾岸諸国を歴訪した。また、上院外交委員会もサウジへの武器売却をちらつかせてカタールとの論争に終止符を打つように圧力をかけた。

イランにとっては、カタール問題で湾岸アラブ諸国が分裂していたほうが、地域における孤立を緩和することになって都合がよいし、カタールには三万ほどのイラン人が居住している。

トルコはカタールがムスリム同胞団を支持する姿勢を歓迎しているが、それはトルコのエルドアン政権の公正発展党のイデオロギーが、議会制民主主義の枠内でイスラム主義の理想を実現するというムスリム同胞団のそれと通底するからである。

通貨危機やトランプ政権による対トルコ関税の二倍引き上げなどで経済的に苦しいトルコは、経済的にもカタールとの交流を望んでいる。二〇二二年に開催される、サッカー・ワールドカップでスタジアムなどの建設ラッシュが続くカタールは、トルコのゼネコンにとって重要な活動舞台だ。

さらにイラン核合意が成立すると、トルコにとってイランの経済的重要性はいっそう増し、カタール問題についてもトルコとイランは協議を繰り返すようになった。

急進的なパキスタンの神学校

二〇〇八年後半からのウィキリークスは、パキスタン・ラホールの米国領事館員であったブライアン・ハントが、ムルターン、バハーワルプル、デーラー・ガーズィー・ハーンというパンジャーブ州の諸都市でジハードを呼びかけ、若者たちを過激な組織にリクルートする動きが見られると警告を発したことを伝えている。

こうしたリクルートは、パキスタンの貧困問題とも結びつき、貧しい家庭はその子弟をデーオバンド派や、サウジアラビアのワッハーブ派と同様に復古主義的な考えに基づいてイスラムの純化を考えるアフレ・ハディース派の学校に送り、そこでジハードの哲学が教化され、こうした神学校の出身者が、過激派が活動するパキスタン西北のFATA（連邦直轄部族地域）で過激派の活動に参加していることにハントは危機感を抱いている。

ハントが警告を発したのは、八歳から一五歳の少年たちが急進的なイデオロギーを説く神学校に向かっていることだった。これらの急進的な神学校への資金的援助がサウジアラビアやUAEによって行われていることを指摘している。これらの神学校が行う慈善事業がさらに子どもたちをジハードに向かわせることになっていて、二〇〇五年のパキスタン大地震の際の支援活動もまた過激派のリクルートに役立った。

デーオバンド派やアフレ・ハディース派の神学校は、ムスリムがイスラム神秘主義を信仰するなど真のイスラム信仰の道から逸脱するのは生活苦が原因だと貧困な家庭に説いて回り、経済的な支援を与えるようになった。そして子弟の一人が殉教すれば、家族には救済があり、神の恩寵が得られるとも貧困層に訴えた。

これらの神学校に子どもが入学すれば、一人につき家庭は六五〇〇ドルの金を得られる。こうした神学校はパンジャーブ州の南西部に集中するが、その規模は大きくなく、周辺から隔絶したところに建てられるケースが多いとハントはレポートの中で述べている。[*25]

第三章でも触れたが、デーオバンド派の神学校は、敬虔な教師のみによって授業が行われ、古典的なイスラムというよりも戦闘的な、ジハードの教えが教化される。デーオバンド派のイデオロギーは過激で、シーア派に対しては極度に不寛容である。こうしたデーオバンド派の神学校でタリバンや数十万人のパキスタン人たちが教育を受け、アフガニスタンでソ連と戦うジハードに参加した。ジハードに参加しなかった者たちもデーオバンド派の指導者や教師になり、デーオバンド派のイデオロギーが拡大再生産されていった。

デーオバンド派の運動は、一九世紀にインドで現代の生活と原理的イスラムの調和を図るために生まれた。パキスタンのデーオバンド派がより硬直的で、戦闘的な保守主義の思想に訴えれば訴えるほど、それはサウジアラビアやワッハーブ派のウラマーたちと政治的、思想的結びつきを強めていくことになった。

サラフへの回帰を目指すアフレ・ハディース

ハントが危険性を指摘した「アフレ・ハディース協会（派）」（JAH : Jamiat-e-Ahle Hadith）は、サウジアラビアのワッハーブ派に影響を受け、パキスタンの情報機関であるＩＳＩが創設に関わったという見方もある。創設指導者はサージド・ミール（一九三八年生まれ）で、一九八六年に創設された。

アフレ・ハディース派は、王政を排除するものの、パキスタンをサウジアラビアのような厳格なイスラム国家に仕立てることを目指し、その軍事部門はパキスタンの過激派「ラシュカレ・タイバ（高潔な軍隊）」である。パキスタンは、インドとの係争の地であるカシミールをめぐり軍事衝突が起これば民兵組織の協力が必要で、そのためにイスラムを過激に解釈する民兵組織とも連携していった。

アフレ・ハディース派は、イスラムの唯一で真の姿への回帰を訴え、クルアーンとハディースのみが唯一の依拠するところであり、タクリード（模倣）やイスラムの法学者の解釈を拒絶し、あらゆるイスラムや、この世にある事象はクルアーンやハディースの中にあると考える。また、イスラムの正しい教えから逸脱した考えや行為である「ビドア」を排除することを目指し、神の唯一性を絶対視することから、サウジアラビアのワッハーブ派と同様に、聖者信仰を行うイスラム神秘主義の運動を否定する。アフレ・ハディース派は、イスラムの理想を体現していたとされる初期世代（サラフ）に回帰することを考える南アジアのサラフィー運動である。

パキスタンのアフレ・ハディース派の起源は一九〇六年に開催された全インド・アフレ・ハディース会議にさかのぼる。欧米の影響を拒絶し、シャリーア（イスラム法）に基づく政治制度の確立を目指す。

アフレ・ハディース派は、非暴力的な政治組織と自らを形容するものの、そのメンバーやシンパには暴力的な活動を行うグループとオーバーラップする場合が少なからずある。アフレ・ハディース派の戦闘集団には「ラシュカレ・タイバ」とともに、「テフリーケ・ムジャヒディン(ムジャヒディン運動)」もあり、カシミールの支配をめぐるインドとの闘争を活動目標に据え、かつてアフガニスタンで戦ったメンバーたちも参加している。創設者のサージド・ミールは、ラシュカレ・タイバの集会でたびたび演説を行ってきた。パキスタンでは軍部がカシミールやアフガニスタンでの戦闘でイスラムに訴える過激な武装集団を支持してきたことが、アフレ・ハディース派のようなサラフィー主義に訴える政党と武装集団の境界を曖昧にしてきたことは確かだ。

パキスタンの過激派と共鳴するサウジ

インドとの対抗上、パキスタンでは社会全体に軍事的性格が強く備わってきた。そのため、世界銀行の二〇一五年の統計によれば、パキスタンの女性の非識字率は六割を超えるなど公教育の整備が遅れ、また経済状態も良くないにもかかわらず、国家予算は教育や福祉よりも軍事費に多く用いられ、二〇一八〜一九年の予算では軍事費は国家予算の実に四二%を構成する[*26](「ザ・ニューズ」の記事)。

それに比べると、教育予算は全予算の一三・八五%と低く(二〇一七年、世界銀行)、南アジア地域では最も低い水準だ。既述のウィキリークスが明らかにしたのは、パンジャーブ州では深刻な貧困のために、子どもたちが部族地域の軍事訓練キャンプに送られているということだった。

パキスタンの過激なイスラム主義者とイデオロギー的に共鳴するところがあるサウジアラビアは、米国の「テロとの戦い」とは真逆の目標をもち、パキスタンの急進的な傾向がある宗教学校に資金を提供している。ウィキリークスでは、これらの急進的な神学校では、子どもたちは外部との接触を遮断され、過激な宗派主義、非ムスリムへの憎悪、反欧米、反政府思想が吹き込まれ、より年少の子どもたちが好まれてリクルートされていることが紹介されている。そしてパンジャーブ州の過激主義の台頭は、貧困と外国からの資金の提供によるものとハントによって断じられた。

ブライアン・ハントは、過激主義を抑制するためにパキスタンには食糧支援、資金の足りない起業家などに対する融資（マイクロクレジット）、灌漑《かんがい》、学校、その他重要なインフラへの財政的支援、さらに、テロリストのリクルートに対する警戒を説く通信プログラムや、対テロ支援、過激な主張を弱めるような穏健なイスラムのイデオロギーの教化などが必要だと主張している。

米国の対アフガン政策の綻び

しかし、米国は二〇一一年五月にオサマ・ビンラディンを殺害すると、パキスタンへの支援を減額していく。同国への経済援助は米国の安全保障にとっても有益であったはずだが、米国にはテロの根源を断つという発想はほとんどなく、パキスタンの貧困やそれにつけ込む武装集団、さらに急進的な思想の普及を支援するサウジアラビアの姿勢を抑制する配慮や姿勢に欠けていた。それが南アジアにおける暴力の増殖を招いてきたことは否めない。

米国の「テロとの戦い」はテロとは関係のなかったイラクに重点が置かれ、九・一一のテロの首謀者であるオサマ・ビンラディンがパキスタンのアボタバードで殺害され、アルカイダの幹部であるハーリド・ムハンマド・シェイフがやはりパキスタンのラワルピンディで逮捕されたように、本来のテロの主戦場であるアフガニスタンやパキスタンに力点を置くことなく、アフガニスタンではタリバンの復活を招いた。

米国をはじめ欧米諸国は、YouTubeやツイッターなどで発信され、「異端のシーア派」に対する攻撃を呼びかけるサウジアラビアの説教師による過激な主張に無関心であり続けた。サウジと同盟するパキスタンもまた過激なスンニ派グループに対して支援を与えたが、米国はパキスタンとも対立することがなく、それが二〇〇三年にイラク戦争が開戦されて以降のアフガニスタンでのタリバンの勢力伸長につながった。米軍がアフガニスタンで対テロ戦争を開始する直前にパキスタンのＩＳＩや軍関係者たちが空路でパキスタンに脱出したことは、米国のアフガン戦争がパキスタンとの協議の上に進められていたことを示している。

パキスタンのＩＳＩがタリバンやイスラムのジハードを強調する武装集団の活動、ジハード主義の運動を支援していたことは明白な事実であったが、米国政府はパキスタンと対立することがなく、パキスタンの対タリバン支援を停止させることもなかった。そのこともあって、米軍やＮＡＴＯ軍はアフガニスタンに駐留しても、タリバンの復活を抑制することができなかった。このように米国の対アフガン政策、「対テロ戦争」には重大な綻びがあった。

「ペルシア人はアラブの出来事に口出しすべきではない」

サウジアラビアがパキスタンやアフガニスタンという南アジアの不安定をもたらしていることは否定できない。多民族国家のパキスタンを束ねる重要な要素の一つはサウジアラビアが影響力を行使するイスラムであることは間違いなく、三つのＡ（army, Allah and

America）がパキスタン政治を支配する構造が根強く定着してきた。米国はパキスタンに軍事援助や経済支援をちらつかせながら影響力の行使を図っていくことだろう。文民政治家の影響力が弱く、軍しか信頼できる機関がないことはかつてトルコやアルジェリアで見られた構造でもあるが、米国はインドがソ連に接近していたこともあって、冷戦時代はパキスタンを重要な同盟国と見なし、その外交的伝統は継続している。

パキスタン軍の腐敗も深刻で、その軍関係者たちは、米国や米国大使館を頻繁に訪れ、兵器の売買にまつわる賄賂や手数料を米国から受け取ってきたことが指摘されてきた。米国は北ワズィーレスタンの反米武装集団ハッカニ・グループを壊滅するようにパキスタン軍に圧力をかけているが、パキスタン軍にとってハッカニ・グループは、アフガニスタンのタリバンとパキスタン軍の橋渡し役をしている。

ハッカニ・グループは一九七〇年代から活動していて、アフガニスタンとパキスタンを行き来しながら活動している。米国によるハッカニ・グループ制圧の要求にも、米国から利益を受けるパキスタン軍が応ずることはない。

パキスタンにおけるサウジアラビアによる過激派への支援の危険性を明らかにしたウィキリークスは、同時にアブドラ国王が米国政府に対し、イランの核開発を防ぐためには「ヘビの頭を斬りおとす必要がある」と述べ、イランへの攻撃を要求していたことを紹介している。また、アブドラ国王はイランのモッタキー外相に「君ら、ペルシア人はアラブの出来事に口出しすべきではない」とも語ったことがあるとウィキリークスの情報は明らかにしている。

スーダン革命に介入するサウジ

二〇一九年四月一一日、アフリカ・スーダンで三〇年にわたって独裁政権を続けてきたオマル・アル・バシール大統領が辞任した。独裁政治への不満とともに、パンの価格が三倍に上がるなど国民生活の不安もあった。二〇一一年の「アラブの春」と同様の構図がスーダンでも現れたが、新たに軍政のトップに就いたアフメド・アワド・イブンオウフ国防相も翌四月一二日に辞任するなど不安定な様相を見せている。

バシール前大統領などが中心になって一九八九年に軍事クーデターを起こし、エジプトのムスリム同胞団の支部である「国民イスラム戦線（NIF）」による政治が始まり、スーダンを一九七九年の革命で成立したイラン・イスラム共和国に次いで第二の「イスラム共和国」体制に仕立てた。スーダン北部は、ムスリム同胞団やサウジアラビア型の厳格なサラフィー主義に影響されていたが、首都ハルツーム南部では、寛容なイスラム神秘主義の信仰をもつ人が多い。

一九九二年から九六年までオサマ・ビンラディンがスーダンを拠点に活動していたが、米国がスーダンをテロ支援国家として経済制裁を与えてきたことがスーダン国民の経済的困難をもたらし、二〇一九年四月に見られたスーダン危機の一要因ともなっている。スーダンは世界銀行の分類によれば、「低所得・重債務国」のカテゴリーに入っている。

バシール前大統領には、ダルフール紛争で約二〇万人の死者および約二〇〇万人の難民・国内避難民を出すなどの戦争犯罪で国際刑事裁判所から逮捕状が出されている。スーダンの識字率は、バシール政権の下で二〇〇〇年の六一%から二〇一九年には五八%に下がった。

南スーダンの独立で、スーダン人口の九七%がムスリムとなったが、南スーダンは独立とともに、スーダンの石油の四分の三を所有することになり、南スーダンの紛争で、パイプラインでスーダンに送られるはずの石油も滞るようになり、石油収入ばかりか、パイプラインの通行料まで入らなくなった。石油はスーダンにとって外貨獲得の重要な手段であったが、石油からの収入を断たれて深刻なインフレと生活不安に陥った。

貧困国の民主化への運動は、富裕な国ほど成功しないと見る政治学者もいるが、エジプトの「アラブの春」がサウジアラビアやUAEの介入で失敗したように、これらの国が政治変動後のスーダンに干渉する可能性もある。スーダンでも、地域でのカタールやイランとの競合から、その影響力を浸透させようとし、民意を考慮することなく、軍部主導の政治を支援し、国民の民主化を要求する声を圧殺していくことも考えられる。

バシール政権の下、スーダンは、サウジアラビアやUAE主導のイエメン戦争に協力し、戦闘機や地上軍を参加させてきた。イエメン戦争への参加はスーダン国民の不満を招いたものの、サウジアラビアやUAEの歓心を買うことになった。サウジアラビアやUAEは自らの側の同盟にスーダンを、とめおくことを考えるだろう。

また、スーダンの軍部がムスリム同胞団を弾圧していることもサウジアラビアやUAEにとっては好ましいことだ。これら二国は、ムスリム同胞団の台頭を抑えるために、ますます軍部との結託を考えるに違いない。リビアでも二〇一九年四月に入ってからのハフタル将軍派のトリポリ侵攻を支援し、チュニジアでも、「アラブの春」以前の政治の主導権を握っていた反動勢力をバックアップしている。

サウジアラビアもUAEも、中東イスラム地域の民主的変動を認めず、スーダンでも軍政の継続を望んでいることは間違いない。

一九年四月二一日に、サウジアラビアとUAEは、三〇億ドル相当の支援をスーダンに提供することを明らかにした。これらの二国はスーダンの暫定軍事評議会の議長を務めるアブドゥルファッターハ・アブドッラフマーン・ブルハーン（一九六〇年生まれ）とイエメン攻撃を通じて親密な関係を築いてきたが、軍部はバシール政権後の法源はイスラム法（シャリーア）であるべきだと唱え、民政移管を求める勢力と考えが相違することが明らかになった。

サウジアラビアとUAEは、軍政でスーダン政治が安定することを望むが、バシール政権の下で軍部に不信感が募ったスーダン国民の間には文民政治への強い期待がある。

リビア内戦におけるトランプの無責任

かつてアフリカでは最も生活水準が高い国の一つで、医療・教育費が無料であったリビアは、二〇一一年の「アラブの春」の政治変動後、深い混迷の中にあるが、一九年四月にトリポリで戦闘が行われ、国連が支持するリビア統一政府に対して攻撃を行うハフタル将軍の武装勢力を、米国のトランプ大統領は支持するようになった。つまりここでもトランプ大統領はイラン核合意からの離脱のように、国際的合意に反する姿勢を見せた。

トランプ大統領は一九年四月一五日にハフタル将軍に電話し、彼のトリポリ侵攻を激励したとロイターなどが報じた。トランプ大統領は、ハフタル将軍がテロとの戦いやリビアの石油資源の確保において重要な役割を果たしていると述べたが、中東・北アフリカに関してトランプ大統領の関心は「テロとの戦い」と「石油」の二つしかなく、特にリビア石油を支配するハフタル将軍を米国の同盟勢力として取り込んでおきたいことは明らかである。

トリポリのシラージュ統一政府首相は、二〇一六年三月に国連の仲介によってトリポリに入り、行政を開始し、それ以来リビアの民兵組織や政治家たちの支持を得ようとしてきたが、全土に統一政府の権威を確立することができなかった。二〇一二年七月に制憲議会が発足し、さらに一四年六月に代表議会選挙が行われたが、制憲議会から代表議会に権力の移譲が行われなかったために、代表議会選挙で選出された議員たちは東部トブルクに別の政府を樹立した。トブルク政府は、シラージュ首相による統一政府を認めず、カダフィー政権時代の軍人であるハフタル将軍が主導する政治を望むようになった。

サウジとUAEは反動勢力を支持

他方で、リビアは様々な武装集団が乱立する状態にある。イデオロギー的にも穏健なイスラム主義や王党派、過激主義など様々であり、またこれらの集団は地域、民族、部族などのモザイク的性格をもち、どの勢力も長年のカダフィー独裁支配の下で、民主主義の本来のあり方がわかっていない。

ハフタル将軍はこれらの武装集団と戦闘を行ってきたが、二〇一七年に彼が東部のベンガジでの支配を確立すると、リビア全土支配の可能性も見えてきた。一九年一月にリビア南部の油田地帯を武力で手に入れ、リビアの石油のほとんどがハフタル将軍の手中に収められるようになった。

サウジアラビア、エジプト、UAEはハフタル将軍を支援し、一九年四月上旬にハフタル将軍はトリポリに進撃する直前にサウジアラビアを訪問し、同国の同意と戦闘のための資金を得たと見られている。ハフタル将軍はロシアも数回訪問しており、ロシアは一九年四月一八日に国連安保理でハフタル将軍派のトリポリ進撃を非難する決議案に米国とともに拒否権を行使している。リビア統一政府の中には、サウジアラビアやUAEが嫌うムスリム同胞団もいて、それもこれらの国がハフタル将軍を支援する背景となっている。

リビアでは、一七万人の国内避難民がいて、四月のトリポリでの戦いで、その住民二万八〇〇〇人が避難した。たいていのヨーロッパ諸国は統一政府を支持しているが、フランスのマクロン政権は例外で、ハフタル将軍に支援を与えるようになった。

これに対してイタリアは、フランスのハフタル将軍支援の背景には石油獲得の思惑があると激しく反発している。フランスとイタリアの関係は第二次世界大戦後、最悪となったという見方もあるほどだった。

サウジアラビアとUAEはチュニジアでも、「アラブの春」以前に政治の主導権を握っていた反動勢力をバックアップするようになり、北アフリカでも民主主義への動きを後退させようとしている。

第六章 反イラン枢軸

——米国、サウジ、イスラエルの非神聖同盟

ゴラン高原のイスラエル主権を承認するトランプ米大統領。中央はイスラエル・ネタニヤフ首相。2019年３月25日（ロイター＝共同）

イランが暴発することを期待？

トランプ米大統領は二〇一九年一月三〇日、「米国の情報機関が極めてナイーブで、受け身」とツイートした。これは、前日二九日にダン・コーツ国家情報長官とジーナ・ハスペルCIA長官が上院情報特別委員会で、北朝鮮からの核の脅威は続いているものの、イランは核合意を順守していると語り、これら二国への評価については、トランプ大統領とは真逆の見解を示したことを受けてのものだ。

トランプ米大統領は二人の長官について「学校に戻るべき」とコメントし、自分の意に沿わないという不快感を露わにした。

IAEA（国際原子力機関）の天野之弥事務局長は一月三〇日、イランが二〇一五年に成立した核合意を順守していることを確認したが、ダン・コーツ長官も年次報告書「世界の脅威評価（Worldwide Threat Assessment）」の中でイランは主要な核兵器開発プログラムを実施していないと述べ、イランが核合意によって貿易や投資から目に見える利益を得られないならば、核合意から離脱するだろうと述べている。

トランプ政権の米国が核合意を反故にしてイランに対する制裁を強化すると、イランの一部の政府高官も核合意からの離脱をほのめかした。トランプ大統領は、イランが核合意から得られる経済的メリットを台なしにし、あたかもイランが「暴発」することを期待しているかのように見える。

トランプ米大統領は、二〇一八年一〇月にカショギ記者がトルコ・イスタンブールで殺害されると、サウジアラビアの人権侵害を覆い隠すように、「世界はとても危険だ。たとえばイラン。イエメンでのサウジアラビアとの代理戦争に責任があり、イラクの脆い民主化への試みを不安定にしようとし、レバノンのテロリスト集団のヒズボラを支援、またシリアの独裁者のアサドを支えている」と発言した。

ここでトランプ大統領が米国民に言いたかったのは、米国の本当の敵がサウジアラビアではなく、イランであり、イランが大勢の米国人を殺害し、「米国に死を！」「イスラエルに死を！」と叫ぶのは、イランが世界の主要なテロ支援国家である証拠である、ということである。しかし、八〇年代にレバノン・ベイルートの米海兵隊兵舎が自爆攻撃に遭ったり、イラク戦争後のイラクで、米兵たちがイランの影響を受ける民兵組織の襲撃を受けたりしたことはあるものの、イラン政府の指示で米国人に対するテロが行われた証拠はほとんどない。

トランプ米大統領の思い込み

トランプ米大統領は、二〇一八年九月の国連演説でUAE、サウジアラビア、カタールがシリアやイエメンに対して人道支援のために数十億ドルを拠出すると約束し、イエメンの恐ろしい内戦を停止することを追求していると語ったが、サウジのイエメン空爆はイエメン史上最悪ともいえる人道上の危機をもたらし、一八年一〇月にトランプ政権のマティス国防長官が停戦を呼びかけたものの、サウジは軍事行動をエスカレートさせた。軍事的規律に乏しいサウジのイエメン空爆は、多くの市民の犠牲をもたらしているが、それでも米軍は空中給油を継続した。

トランプ大統領は、サウジアラビアが米国の軍需産業に莫大な利益をもたらしているので一貫して支持しているが、サウジ経済の行方は不透明だ。一七年五月のトランプ大統領のサウジ訪問の際に、同国が米国に四五〇〇億ドルの投資や輸入を行い、そのうちの一一〇〇億ドルがボーイング、ロッキード・マーティン社、レイセオンといった軍需産業から兵器を買うことになり、米国の数十万人の雇用をつくり出すと誇ったが、これらの数字は誇張されたものであることが多くのメディアによって指摘されている。

イランがサウジアラビアにミサイルを撃ち込む客観的な情勢はまるでなく、一方で、トランプ大統領が語るように、サウジがTHHADミサイル防衛システムを購入するかどうかは定かではない。

また、トランプ大統領はカショギ記者殺害事件を受けて米国がサウジへの武器売却を停止すれば、ロシアや中国がそれにとって代わると述べたが、米国やヨーロッパ諸国の武器を購入し続けてきたサウジがいきなり武器をロシア製にしたり、ロシアの爆弾を搭載したりすることはできない。もちろん、サウジが現在保有する米国製武器のパーツをロシアが供給することもできない（「ニューヨーク・タイムズ」二〇一八年一一月二〇日付）。

トランプ大統領のサウジアラビアとの武器売買に関する発言には多分に自身の強い思い込みと、自己セールス、自らの政策の正当化がある。

ご都合主義で変容する米国の中東での同盟国

米国はその時々で中東の同盟国を変えてきた。一九五三年八月にイランで民主的に選出されたモサッデク政権をCIAとイギリスのMI6の工作によるクーデターで打倒し、国王の親米政権を樹立し、冷戦時代の中東における橋頭堡《きょうとうほ》とした。

イギリスはモサッデク政権が、イギリスがイランにもっていた石油産業を国有化したことに反発し、イラン原油を国際市場から締め出し、さらにモサッデク政権の打倒を考えたが、冷戦時代の国際環境もあって米国はイランが不安定な民主主義よりも、国王の独裁体制のほうが戦略上都合がよいと考えていた。しかし、親米の国王体制の弾圧政策や、社会や文化の米国化政策、さらには途方もない経済格差などによって、モサッデク政権打倒のクーデターが多発し、ついには王政を打倒するイスラム革命が一九七九年に成立し、反米的なスタンスがとられるようになった。

一九八〇年一月二三日、当時のカーター大統領は、「ペルシア湾岸地域を支配しようとする外部勢力の試みは、米国の死活的利益への攻撃と見なし、このような攻撃は武力を含めてあらゆる必要な手段を講じて排除されるだろう」と述べた(=カーター・ドクトリン)。レーガン大統領は、このドクトリンを最初に実行した大統領となり、八〇年代のイラン・イラク戦争中にサウジアラビアやクウェートのタンカーに星条旗を掲げさせてペルシア湾を航行させた。レーガン大統領は、ペルシア湾のシーレーンはイランによって支配されないと述べた。

レーガン大統領は、イランのイスラム共和国体制を打倒することを考えて、イラクのサダム・フセインと同盟するようになった。一九八〇年に始まるイラン・イラク戦争は、イラクの明白な侵略によって始められたが、米国はこれを非難することなく、現在のサウジアラビアのイエメン空爆と同様に、イラン軍に関する情報をイラクに提供し、またイラク軍による化学兵器使用を批判することもまるでなかった。イランでは、この戦争で五〇万人が亡くなったという見方もあるほどだが、戦争を悲惨にした要因には米国など欧米諸国がイラクの軍事行動を抑制しないばかりか、それに協力し、さらに兵器を供給して戦争の拡大をもたらしたということもあった。

しかし、一九九〇年八月にサダム・フセインのイラクがクウェートに侵攻すると、フセインは「中東のヒトラー」と形容されることになる。サウジアラビアとの同盟関係も中東の国際環境によって変化する可能性があることは、これらのイランやイラクの例からもうかがえる。

パレスチナ問題で問われる王政の正統性

カショギ記者の殺害事件によって、サウジアラビアとイスラエルとの関係に注目があらためて向かうことになった。というのも、サウジアラビアがイスラエルの企業がつくったスパイウェアを使ってカショギ氏を監視していたことが判明したからだ。スパイウェアとは、スマートフォンにウィルスのように侵入して通話やメールの情報を抜き取ったり、盗聴や盗撮も可能にしたりしてしまうものだ。

ムハンマド皇太子は、パレスチナ人はトランプ大統領が提唱するパレスチナ問題の和平提案「世紀のディール」に応じ、イスラエル寄りのトランプ政権主導の和平交渉のテーブルに着くべきだとも発言するようになった。

カショギ氏殺害にイスラエルのスパイウェアが用いられたことは、サウジアラビアとイスラエルの安全保障や、軍事協力を世界に印象づけることになった。メッカ、メディナというイスラムの聖地を抱え、イスラムの盟主を自任するサウジアラビアがイスラムの聖地であるエルサレムを国際法に違反して占領するイスラエルに接近し、アラブやイスラムの大義を考慮に入れていないかのような姿勢は、イスラム世界における自らの威信を低下させるものであることは疑いがない。

これは、サウジアラビアが対立するイランの中東イスラム地域における政治力をアップさせることにもなり、実際イランはロウハニ大統領などがサウジのイスラエルと協力する姿勢を強く批判するようになっている。

サウジ政府首脳にはイスラエルとの良好な関係を築くことで、米国トランプ政権の歓心を買うという目的もあるが、サウジ国民、あるいはアラブ世界全体では、その思惑や見込みとは異なってイスラエルとの関係推進は好意的にとらえられない。

サウジアラビアのサルマン国王は、息子のムハンマド皇太子とは異なってトランプ政権の米大使館エルサレム移転を苦々しく思い、東エルサレムを首都とするパレスチナ国家の創設を構想しているが、このように王政内部でも意思統一ができていない。

二〇一八年七月二九日、イスラエルのリベラル系新聞「ハアレツ」は、サウジアラビアのサルマン国王からホワイトハウスに宛てた書簡を紹介したが、その中でサルマン国王はトランプ米大統領によるパレスチナ和平プランを拒絶している。サルマン国王は、二〇〇二年にアラブの地域機構である「アラブ連盟」において採択された「アラブ和平イニシアチブ」を今でも尊重しているという考えを書簡の中で示している。

この「イニシアチブ」は、東エルサレムを首都とするパレスチナ国家創設に支持を与えるというもので、イスラエルが、全占領地から撤退すること、またパレスチナ難民問題の公正な解決を求め、仮にイスラエルが受け入れれば、イスラエルとの紛争終結・和平合意、及び正常な関係の構築を実施するという内容になっている。

これはパレスチナ人に共感するサウジアラビア国民に向けたジェスチャーなのかもしれないが、その意味でもパレスチナ問題への扱いを間違えれば王政の正統性も問われることになる。ムハンマド皇太子によるイスラエルへの接近姿勢は、イランに対抗するために行われているが、その「刃」は自らにも向かう可能性がある。

米軍のシリア撤収がもたらす中東地域の不安

二〇一八年一二月一九日、トランプ米大統領は米軍がシリアから早急に完全撤退する意向であるとツイートした。トランプ政権のジェームズ・ジェフリー・シリア担当特別代表が前々日の一七日に早期撤収の可能性を否定したばかりで、トランプ大統領の中東政策の混沌ぶりをあらためて示すことになった。

トランプ大統領のツイートの翌日である一二月二〇日、イスラエルのネタニヤフ首相は、米国の完全な支援によってイランに対する関与を強化していくことを明らかにした。トランプ政権の米国はシリアから軍隊を撤退させてそのエネルギーをイランに傾注していくという意図が透けて見えるようになった。

駐イスラエルの米国大使館のエルサレム移転に見られるように、トランプ政権の親イスラエルの姿勢は鮮明で、シリア問題とイランはリンクしているように思われる。シリアからの撤収は中東地域の平和や安定のベクトルには逆行しているようで、現にネタニヤフ首相はトランプ政権が米軍のシリア撤収とは別の方法で、中東における影響力の増大を考えていると述べた。

トルコのエルドアン政権は、トルコ国境に近いシリア北部のマンビジにシリアのクルド人勢力の影響が及ぶことを望まず、マンビジへの軍事介入をほのめかしてきた。マンビジは、クルド人武装勢力のYPG（クルド人民防衛隊）と米軍がISから奪還したところで、米軍はずっとその治安維持活動を担ってきたが、米軍の撤退はYPGが軍事的後ろ盾を失い、トルコの軍事介入の可能性を招くものである。シリアのアサド政権は、米軍の撤退によって、その政権の正当性を米国からも実質的に認められたと考え、クルド地域を含めてシリア全土を掌握する展望も開けるようになった。

他方、米軍という重しがなくなり、シリアでISが復活すれば、イラクでもISが息を吹き返しかねないとイラク政府は懸念することだろう。ロシアは地政学的にシリアをその勢力圏下に置くことができ、超大国としての存在を世界に訴えることもでき、米軍のシリアからの撤退という性急な決定は中東をめぐる国際関係にも重大な影響を及ぼしつつある。

支離滅裂なトランプ政権の対シリア政策

トランプ米大統領の外交政策は、彼の顧問、外交専門家の意見などとはあまり関係なく、自らの独断こそが最良、最上と思っているように見え、そのナルシスト的発想が中東地域をさらに混乱に導くことになっている。

トランプ大統領のシリアからの撤退宣言は、内外から信用を失うものであったが、その直後、ポンペオ国務長官はエジプト、イラク、ヨルダン、湾岸諸国を訪問し、米国の中東政策は確固たる信念の下に行われ、ISの再台頭を防ぎ、イランを地域から排除するものであることを確認して回った。

また、ボルトン大統領補佐官は、シリアのクルド武装勢力への支持継続を明らかにしたが、これに反発したトルコのエルドアン大統領は、一九年一月にボルトン補佐官が望んだ会談を拒絶した。エルドアン大統領がクルド武装勢力をテロリストと見なしているのに対して、ボルトン大統領補佐官は、ISと戦ったクルド武装勢力をトランプ大統領のようにあっさり放棄することができなかった。

結局、トランプ大統領のシリアからの撤退表明は、イラクを訪問した際に駐留米軍の高官からシリアでの作戦を終結するにはまだ時間を要すると説得され、三〇日間の撤退期間は撤回された。国防総省はシリアの二〇〇〇人の兵力をイラクのキルクークやアンバル県に再配備するのに四カ月をかけることを決定し、さらに一九年二月には二〇〇人程度の平和維持部隊をシリアに残すことを明らかにした。

トランプ大統領のシリア政策は支離滅裂な印象だが、しかし米国自身がオバマ政権時代からこの国の独裁者、民主化要求運動、反政府武装集団などにいかに対応するかで一貫した政策をもってこなかった。米国は二〇一二年からCIAが中心になってサウジアラビアの財政支援を受け、またトルコが輸送に協力を行って反政府武装集団に武器を供給し、訓練を施す作戦をとったが、武器はアルカイダにシンパシーを感ずるような武装集団に渡り、またロシアと対立することを恐れてトランプ大統領はこの作戦を一七年に終了させた。

シリアではアサド大統領が、ロシアやイランの支援を得て権力を再び強化し、ISは支配地域を喪失したものの、過激主義の潮流や活動は依然として根強いものと見られている。クルド人たちは実質的な支配地域を米国の支援で得たものの、トルコはこのクルド勢力をトルコ領内の反政府テロ組織と断ずるPKK（クルド労働者党）の一部と見なしている。

こうした事態を、アサド政権の打倒を考え米国に協力してきたサウジアラビアは苦々しく思い、他方で、ロシア、イラン、トルコはこの措置を歓迎したに違いない。しかし、トランプ大統領はシリアからの米軍撤退を決める一方で、シリアへの空爆は強化する指示を出した。シリアからの撤退だけをとらえてトランプ大統領が平和を希求する人物だと思うことはできない。彼は北朝鮮を核兵器で恫喝し、ベネズエラに対する軍事介入を口にした。

トランプ大統領のタカ派的政策を端的に表すのが対イラン政策で、大統領就任早々からイランの体制転換を唱えてきた。対イラン強硬策は、イランの同盟勢力を壊滅させるというサウジアラビアにイエメン空爆を継続させ、また日本を含む諸外国にイランとの貿易を躊躇させるようになった。

ポンペオ国務長官は一九年一月に訪問したカイロで、イランの影響力はがん細胞のように、イエメン、イラク、シリア、さらにレバノンに広がっていると述べた。トランプ大統領は、強硬なボルトン大統領補佐官やポンペオ国務長官に囲まれ、またサウジアラビアやイスラエルにそそのかされて、二〇二〇年の大統領選挙のために、親イスラエル・ロビーや、イスラエルの利益を擁護する福音派の意向に応じてイランとの危機を煽り続けている。

サウジへの核技術移転計画

米国の下院監査・改革委員会は、トランプ政権がサウジアラビアに核兵器開発に転用できる核技術を数十億で売却しようとしたことを二〇一九年二月一九日に明らかにした。米国の法律では核拡散につながる核技術の移転を禁じている。

この売却を推進したのは「IP3インターナショナル」という企業グループで、エクセロン、東芝アメリカ・エネルギー・システムズ、ベクテル、セントラス、GEエネルギー・インフラ・ストラクチャー、シーメンスUSAの六社が参加し、キース・アレクサンダー元国家安全保障局（NSA）長官（二〇〇五年から一三年まで）、ジャック・キーン元陸軍参謀次長、ロバート・マクファーレン元国家安全保障問題担当大統領補佐官などが舵取り役になっていた。

キース・アレクサンダーは、NSA長官時代に、NSAが全世界を監視していたことをエドワード・スノーデンに告発されたことによって長官を辞任した人物で、またジャック・キーンはトランプ政権のマティス国防長官が辞任した際に、その後任に名前が挙がったことがある。ロバート・マクファーレンは、八〇年代のイラン・コントラ事件の際に、米国では禁じられているイランに対する武器売却を計画した人物だ。

監査・改革委員会の報告書は、この企業体がサウジアラビアに核施設を建設し、稼働させることで、莫大な利益を考えていることを明らかにし、この核技術の移転はサウジに核兵器を保有させる可能性があり、不安定な中東地域全域における核拡散にもなりかねないという懸念を伝えている。[*27]

この計画を推進したのは、トランプ政権のマイケル・フリン元大統領補佐官で、彼はトランプ大統領の就任以前に駐米ロシア大使に接触したことについてFBI（連邦捜査局）に偽証した人物で、彼の取り巻きの元軍人たちが核技術の移転によって利益を獲得しようとしていたと考えられている。

サウジアラビアへの核技術移転を考えた計画をフリンの取り巻きたちは「中東マーシャル・プラン」と呼んでいたが、マーシャル・プランは第二次世界大戦で疲弊したヨーロッパの復興を米国が後押しするというもので、サウジアラビアへの核技術の移転のような露骨な金儲けの手段ではない。トランプ大統領はカショギ記者殺害事件に関する調査報告を議会に対して行うことが求められたが、結局、実行することがなかった。サウジアラビアへの核技術移転の計画は現在でも継続していると見られ、とても「ノーベル平和賞」を視野に入れる大統領のすることとは思えない。

限定的な核戦争を想定

中東の安全保障に関するサミットが二〇一九年二月中旬、ポーランドのワルシャワで開かれた。ポーランドがこのような会議の開催を受け入れたのは、右傾化するポーランド政府がロシアの軍事的脅威を意識していること、またトランプ米大統領と同様に「愛国心」を強調し、米国の軍事力に頼りたいという思惑があるからだ。ポーランド政府は、国内の米軍基地の恒久化を目指し、トランプ政権の歓心を買うように、米国のイラン制裁強化を支持している。

米国のエネルギー省国家核安全保障局は、一九年一月末に爆発力の小さい低出力核弾頭W76－2の製造を開始した。トランプ政権はこの核兵器開発の目的をロシアが限定的な核兵器の使用を辞さないためだとしている。つまりこのW76－2は限定的な核戦争を想定したもので、その爆発力は広島型原爆の三分の一としている。しかし、小規模な爆発力をもつ核爆弾は実際に使用される可能性を高めるという懸念を増すものである。ロシアの最前線ともいえるポーランドでサミットを開く意図はトランプ政権のロシアとの対決姿勢を象徴するものでもあると考えられた。

さらにトランプ政権のポーランド・サミットの目標は、イスラエルとサウジアラビアなどアラブ・スンニ派諸国の同盟関係をつくり、イランを封じ込めるというものだ。しかし、反イランという点ではアラブ諸国はまとまるかもしれないが、ヨルダン川西岸や東エルサレムを占領するイスラエルと親密な関係になれば、アラブ諸国政府はその正当性を喪失することになりかねない。

反イラン同盟とトランプ政権が目指す中東和平プランは両立するものではなく、ワルシャワ・サミットと並行するように、ロシアのプーチン大統領、イランのロウハニ大統領、トルコのエルドアン大統領が二月一四日にロシアのソチで会談し、シリアの武装勢力掃討で連携していくことで合意した。このように、トランプ外交の対決姿勢は世界に対立軸をもたらすものである。

トランプ政権は、娘婿のジャレッド・クシュナーを中心に中東和平に関して「世紀のディール」を成立させようとしており、それはエルサレムや、その周辺の入植地をイスラエルに与える見返りにガザにも西岸と同様に、経済発展を与えようとするものだが、パレスチナ国家の独立を認めるものでもなく、パレスチナ側には到底受け入れられない。ガザに発電所や淡水化プラント、自由貿易圏をつくる一方で、エルサレム、難民などの問題についてパレスチナ人にその要求の放棄を迫る。難民については、クシュナーは、ヨルダンで暮らす二〇〇万人のパレスチナ難民はもはや「難民」ではないと主張している。

トランプ政権は一八年五月に米国大使館をエルサレムに移転した。またUNRWA（国連パレスチナ難民救済事業機関）も閉鎖し、その活動を終わらせようとするなど、イスラエル寄りの姿勢を露骨に見せている。

イスラエルへの軍事援助で潤う米国の軍需産業

二〇一九年一月一日、米国のポンペオ国務長官とイスラエルのネタニヤフ首相は、ブラジルの首都ブラジリアで、右派のジャイル・ボルソナロ大統領の就任式に出席した機会に会談を行い、米軍がシリアから撤退しても、イランの「侵略」を阻止するためにシリア問題で協力していくことを強調した。

ポンペオ国務長官は、米国のISに対するキャンペーン、またイランの侵略に対抗する努力、さらに中東の安定とイスラエルの安全のための関与は継続していくと述べた。国際社会で、イランの外交姿勢を「侵略」ととらえる国は、米国、イスラエル、サウジアラビアとその同盟諸国ぐらいしかなく、国際協調の考えとはほど遠い。

また、対テロ対策を考えるならば、ISやアルカイダなどスンニ派の過激派集団は、シーア派のイランを敵対視しており、本来ならば米国はイランと協調できる背景があるが、米国はシリアなど各地のアルカイダを支援するサウジアラビアと同盟関係にあり、イスラエルもまた、シーア派で親イランのヒズボラと戦うシリアのスンニ派武装集団と事実上連携している。

米国トランプ政権がISやアルカイダ、またイランの脅威を強調し、北朝鮮と対話姿勢をもつのは、やはり軍産複合体の意向が大きい。中国と良好な関係にあったり、同盟国の韓国を攻撃する可能性があったりする北朝鮮は爆撃できないが、他方、トランプ政権は、ISやアルカイダ対策で、無人機によるミサイル攻撃をシリア、イラク、イエメン、ソマリア、アフガニスタンで継続し、イランの脅威を感ずるとされるサウジアラビアやUAEには大量の兵器を売却してきた。

一九年二月末、トランプ大統領はベトナム・ハノイでの記者会見で、起訴されそうになっているネタニヤフ首相について、イスラエルの記者から質問されると、ネタニヤフ氏が首相として「偉大な業績」を上げ、米国から多くの兵器を買ってくれたと称賛した。トランプ政権の「世紀のディール」と形容される中東和平プランも四月のイスラエルの総選挙の後に公表すると述べたが、中東和平に関してネタニヤフ首相には占領地における入植地拡大やガザ攻撃など「負の業績」のほうが明白である。

ネタニヤフ首相は、イスラエルの新聞「イエディオト・アハロノト」の編集責任者に対し、政府に好意的な報道をすればライバル紙に対する規制を強めると申し出たこと、また、米国ハリウッドの実力者アルノン・ミルハン氏などの支援者から少なくとも一〇〇万シェケル（約三〇〇〇万円）を受け取ったことで起訴される見込みとなった。

米国のイスラエルに対するＦＭＦ（Foreign Military Financing：対外軍事融資）は、メルカヴァ戦車などイスラエル国産の兵器を製造する資金ともなっている。アメリカのＦＭＦによるイスラエルへの資金援助は、同国の軍事費全体の四分の一を構成するようになった。こうしたイスラエルへの多額の軍事援助で潤っている米国の軍需産業は、イスラエルに武器を輸出するボーイング、ロッキード・マーティン、ジェネラル・ダイナミクス、レイセオンなどである。

ゴラン高原をめぐる米国の無法

米国のトランプ大統領は、二〇一九年三月二五日、イスラエルが第三次中東戦争で占領したシリア領のゴラン高原についてイスラエルの主権を認める宣言に署名をした。

国連憲章二条四項は、他国の領土保全に対する武力の行使、また武力による威嚇を禁じているが、国連安保理理事国がこの憲章に違反したことになる。トランプ大統領の措置は中東和平の仲介者としての米国の信頼をいっそう失墜させることになった。

イスラエルが一九六七年にゴラン高原を含むアラブの土地を占領すると、土地と平和の交換を原則とする国連安保理決議二四二号などが成立した。それはイスラエルが土地を返還するのと引き換えに、周辺のアラブ諸国がイスラエルの生存権を認めるというもので、この決議は米国を含む国連安保理のすべてのメンバー国によって賛成された。

一九六七年の第三次中東戦争以前には一五万人のシリア人がゴラン高原に住んでいたが、戦争によって多くが難民化し、現在、ゴラン高原には二万五〇〇〇人のアラブ・ドルーズ派（シーア派傍系の一宗派）の人々がいて、その圧倒的多数が自らをシリア人と見なしている。他方、ゴラン高原には現在二万人のイスラエルのユダヤ人たちが入植している。

第三次中東戦争が終わると、アラブ諸国はイスラエルがすべての占領地から撤退しない限り和平交渉を行わないと主張し、他方イスラエルはアラブ諸国が和平交渉に応じない限り撤退しないと訴えた。イスラエルとシリアの間ではゴラン高原をめぐって交渉が繰り返されてきたが、二〇一一年にシリアで「アラブの春」の民主化要求運動が起き、内戦に至ると、まったく滞ったままだ。シリアはゴラン高原の全面返還を求め、イスラエルは一九八一年に併合を宣言したが、どこの国も承認することはなかった。

ゴラン高原は高地にあるために戦略的に重視され、イスラエルにとってはその使用する水の三分の一の水源となり、イスラエル人の生活、経済にとっては欠くことができない。またゴラン高原には数十億バーレルの石油の埋蔵があるとも見られる。

エルサレムをイスラエルの首都と認め、米国大使館をエルサレムに移転したトランプ大統領はイスラエルでは総じて人気があり、ネタニヤフ首相は一九年四月に行われた選挙キャンペーンにトランプ大統領と握手する写真を使用した。

トランプ大統領の措置は、一方的な宣言ではなく交渉によって領土を認めるという米国の歴代政権がとってきた政策をくつがえし、イスラエルが第三次中東戦争で占領した土地に対する主権を認めないとしてきた国際法にも違反する。ゴラン高原はアラブの土地であり、ほとんどすべてのアラブの人々はゴラン高原にイスラエルの主権を認めることはないだろう。トランプ大統領の措置は、サウジアラビア王政などトランプ政権と親密な関係を築いてきたアラブ諸国政府に対する国民の信頼を揺るがしかねない。

「『妄想男』の妄想」

トランプ米大統領がイスラエルにゴラン高原併合を認めるのは、一九三〇年代にナチス・ドイツがズデーテン地方を併合し、イタリアがマントン市などフランス南東部を併合したことを彷彿させる。トランプ大統領の元妻のイヴァナは、彼がいつも枕元にヒトラーの演説集である『我が新秩序』（一九四二年）を置いていたと語ったことがあるが、トランプ大統領の措置は、第二次世界大戦を起こした枢軸国のふるまいと同様に見える。

フェデリカ・モゲリーニ欧州委員会副委員長兼欧州連合外務・安全保障政策上級代表は、二〇一九年三月二七日、EU加盟国二八カ国を代表して、ゴラン高原にイスラエルの主権を認める措置は容認できないという声明を出した。二八カ国にはイスラエルのネタニヤフ首相が近年、EUの分断を図るために、友好関係を築こうとしてきたハンガリー、ポーランド、チェコ、ルーマニア、オーストリア、リトアニアも含まれている。

「パレスチナ執行委員会（パレスチナ国の最高執行機関）」のサーエブ・エレカト書記長は、トランプ大統領が中東をさらに不安定にしようとしていると怒りをあらわにした。ゴラン高原のドルーズ派の指導者たちは、『『妄想男』の妄想」とトランプ大統領の措置を形容した。エレカト書記長の警告の通り、ハマスはイスラエルのテルアビブ近郊に三月二五日朝、ロケット弾を撃ち込み、それに対してイスラエルがガザを空爆するなどパレスチナ情勢を不穏なものにしている。

ゴラン高原の当事者であるシリアでは、トランプ大統領の宣言に反対するデモが首都ダマスカス、ラタキア、タルトゥース、北部のアレッポ、中部のホムス、東部のデイルエッゾールなど全国的規模で発生した。ダマスカスの弁護士会は「米国はアラブの最大の敵となった」という声明を出すなど、二〇一一年以来内戦が継続するシリア社会がトランプ大統領の措置で八年ぶりにまとまったかのようである。

条約が有効なのは私にとって有益な間だけだ。

ヒトラー

米国も賛同して成立した国際法を破るのはまさにヒトラーの行動そのものだ。ネタニヤフ首相の前でゴラン高原に関する宣言に署名したトランプ大統領は、「反セム主義の『毒』と敵対していく」と述べたが、イスラエルのゴラン高原の主権に反対することが反セム主義ではないことは当然だし、彼の行動様式は反セム主義を唱道し、領土拡張を図ったヒトラーをも想起させるものである。

国際社会が許容できないヨルダン川西岸併合

イスラエルのネタニヤフ首相は、二〇一九年四月九日の総選挙を前にして四月六日、彼が総選挙後も首相職にとどまれば、ヨルダン川西岸にあるイスラエルの入植地をイスラエルに併合する考えを明らかにした。民族自決とは「各民族はそれぞれの運命をみずから決定する権利をもち、独立国家のもと文化的・経済的繁栄を築かねばならない」という原則をいうが（『山川 世界史小辞典』）、パレスチナ人たちは民族自決権の根幹である土地をイスラエルの入植地の拡大によって侵食され続けている。

ネタニヤフ首相は、連立を組む極右政党「ユダヤ人の家」「ユダヤ・パワー」などの主張に合わせるかのように、パレスチナ人に対していっそう強硬な姿勢で臨むようになった。「ユダヤ人の家」は、二〇〇八年に成立した極右政党で、その主張はパレスチナ国家創設に反対、エルサレムはユダヤ人だけの永遠の首都であり、またヨルダン川西岸の入植地はイスラエルの安全保障にとって重要であり、将来において損なわれることがあってはならず、またイスラエルの主権の下に置かれ続けるものである、というものである。

「ユダヤ・パワー（オツマ・イェフディト）」（二〇一二年創設）は人種主義的な政党で、イスラエルをユダヤ教の神権政治体制にして、パレスチナ人たちの強制排除を訴える。またこの政党は、パレスチナ人に対する暴力を訴え、「ナチ」とも形容されたメイル・カハネ（一九三二～九〇）のイデオロギーの継承者を自任する。カハネは、アラブ人を「エレツ・イスラエル（イスラエル領と占領地、さらにヨルダン川東岸まで含む地域）」から追放することを訴えた人物である。同様に「ユダヤ・パワー」も占領地と、またエルサレムにおけるイスラムの聖地である「ハラム・アッシャリーフ」をイスラエルに併合することを主張する。

ネタニヤフ首相は選挙キャンペーン中、対抗馬であるガンツ元軍参謀総長は弱い左派の人物であり、パレスチナ人に領土的譲歩を行うことによって、イスラエルの安全を損なうようになるだろうと述べていた。

ヨルダン川西岸併合は、シリアのゴラン高原併合と同様に国際法に明白に違反する行為であることは言うまでもない。ヨルダン川西岸には四〇万人のイスラエル人が暮らし、それに対して西岸のパレスチナ人人口は二九〇万人ほどだ。さらに、東エルサレムには二一万二〇〇〇人のイスラエル人が入植者として生活している。既成事実の積み重ねによる「併合」は国際社会が許容できるものではない。

結局、イスラエルでは、一九年四月の総選挙でパレスチナ人たちに対して強硬な姿勢で臨んできたネタニヤフ首相が政権運営を継続することになった。イスラエルは、一九九三年のオスロ合意以降、ヨルダン川西岸の入植地を倍の規模にしている。パレスチナ人は国家をもたず、パレスチナ自治政府は土地、空間、水を管理していない。イスラエルの極右の入植者たちは、一部が武装し、パレスチナ人のオリーブの樹を伐採するなど、その生活手段をも奪うようになっている。ヨルダン川西岸のパレスチナ人たちを支配し、ガザの二〇〇万人のパレスチナ人たちを閉じ込めているのはイスラエル軍である。パレスチナ人たちは、海上や空路での移動をほとんどまったく認められず、国家をもたないで市民権もないが、それはナチス・ドイツがユダヤ人たちから市民権を剝奪したことと同様なことである。

ネタニヤフ首相の連立政権には、極右の「ユダヤ・パワー」を含む「右翼政党連合」も五議席を獲得して参加することになり、ネタニヤフ首相の続投はパレスチナ人に対する民族浄化を加速させる印象を与えることになった。

パレスチナ問題でも米国側につくサウジ

二〇一九年五月二日、レバノンの新聞「アル・アフバル（指導者）」は、サウジアラビアが、米国トランプ政権の「世紀のディール」を受け入れれば一〇年にわたって一〇〇億ドルを提供することをパレスチナ自治政府に申し入れたと報じた。

記事によれば、五月一日にカショギ記者殺害事件で国際的非難を浴びたムハンマド皇太子がパレスチナ自治政府のアッバース議長に「世紀のディール」の詳細を伝え、パレスチナ自治政府の拠点を東エルサレムではなく、ヨルダン川西岸のアブー・ディース村に置くことを含めてその受諾を求めた。これに対して、アッバース議長は、かりにパレスチナ自治政府が不適切な提案を受け入れれば、イスラエルの不当な占領を固定化してしまうと否定的な見解を述べた。

パレスチナ自治政府は、トランプ大統領がエルサレムをイスラエルの首都と認定した一七年一二月より米国との対話を拒絶するなど、トランプ大統領の著しい親イスラエルの姿勢が、パレスチナと米国との対話の機会を奪うようになった。サウジアラビアがトランプ大統領の和平案に「アラブ・イスラムの大義」を放棄して協力することは、サウジをはじめアラブの民衆レベルでは反発されて、サウジ王政の重大な不安定要因にもなりかねない。

一九年三月一八日、イランのロウハニ大統領は、米国、イスラエル、サウジアラビアを呪うように国民に呼びかけた。ロウハニ大統領は、大統領としてイランの経済状態を上向かせ、諸外国との良好な外交関係を築くことを公約していた。同大統領は、米国のイラン核合意からの離脱がイランの通貨リアルの下落や途方もないインフレなど国民の経済的困難を生み出していることを強調し、イランの経済的困難について責められるのは米国、シオニスト（イスラエル）、サウジアラビアだと語った。

イスラエル・ネタニヤフ政権は、ムハンマド皇太子が実権を握るサウジアラビアに対してサイバー分野で支援を与え、イスラエル企業が製造、売却したサイバー監視システムがカショギ記者殺害にも利用されたように、サウジアラビアの反体制派や政府批判勢力に関する情報を集めるのに貢献するようになり、この協力関係はますます推進されるようになった。

二〇一七年にイスラエルのユバル・シュタイニッツ・エネルギー相は、「イラン脅威」についてイスラエルとサウジアラビアとの間にハイレベルの接触があると語り、またその後同じ二〇一七年にイスラエルのガディ・エイゼンコット参謀総長は、サウジアラビアのメディアにイラン問題についてイスラエルとサウジは完全に一致していると語った。

ネタニヤフ首相は、カショギ記者の殺害を批判したものの、殺害はサウジの戦略的重要性と中東で果たしている役割で相殺されると語った。ムハンマド皇太子は、一八年にイスラエル国家を認める発言をしてアラブ世界から批判を招いたことがあり、一八年三月にはサウジアラビアはインド航空にニューデリーとイスラエルのテルアビブを結ぶ便がサウジアラビアの領空を通過することを認めた。

トランプ米大統領がエルサレムの首都化、ゴラン高原併合などイスラエルの国際法に違反する行為を次々と是認し、またカショギ記者殺害を命じたと国際社会から批判されたムハンマド皇太子のサウジアラビアが米国、イスラエルと接近することは、これら三国にそれぞれ否定的イメージや影響となって跳ね返り、国際社会における孤立を招き、結局国益を損なうことになることは否定できない。

イランとの緊張を煽る枢軸

安倍首相がイラン核問題をめぐってイランと米国の調停をしようと、イランを訪問し、ハメネイ最高指導者と会見した二〇一九年六月一三日に、日本のタンカーが攻撃を受けた。トランプ大統領は「イランがやった」という声明を即座に出したが、安倍首相のイラン訪問のタイミングでイランがタンカーを攻撃することは考えにくく、イランには動機が見当たらなかった。米国はイラン革命防衛隊が不発だった機雷を除去する動画をイランによる「犯行」の証拠だと公表したが、ごく普通に考えて機雷をしかけた当事者がそれを除去するというのはありえない。米国はイランが証拠を隠すため不発機雷を処理したと主張するが、イランは米国にわざわざ「証拠」を与えるようなことはしないだろう。

トランプ大統領の主張に応ずるかのように、サウジアラビアのムハンマド皇太子は、六月一六日にタンカー攻撃はイランの犯行だと主張し、イランは安倍首相の訪問に敬意を払わなかったと断じた。イスラエルのネタニヤフ首相も同日、タンカー攻撃はイランが実行したと述べ、米国のイラン政策を支持していく姿勢をあらためて強調したが、これら「枢軸」の主張に対する支持は国際社会では広がらなかった。

「ニューヨーク・タイムズ」は一九年六月三〇日、トランプ政権内部で北朝鮮を非核化する第一段階として核開発を凍結する案が浮上していることを伝えた。北朝鮮を核保有国として事実上認めることになると同紙は指摘している。北朝鮮の高濃縮ウランの保有量は不透明だが、長崎大学核兵器廃絶研究センター（RECNA）は一九年四月現在の北朝鮮の核兵器保有数を二〇～三〇発と見積もっている。

イランのザリーフ外相は、一九年七月一日、イランの低濃縮ウランの貯蔵量が、二〇一五年のイラン核合意で決められた三〇〇キロを上回ったことを明らかにした。これに対して米国のポンペオ国務長官は、すべてのウラン濃縮を停止するように求めると発言した。北朝鮮の場合は、核兵器製造のための高濃縮ウランだが、イランは原子力発電に必要な「低濃縮」のほうだ。米国は北朝鮮とイランに明らかな「二重基準」をもっており、イランがトランプ政権の姿勢を不公平、不公正と考えたとしても不思議ではない。

低濃縮ウランの貯蔵量が合意を超えたとしてイランが核合意に違反したという見方もあるが、そもそも核合意に最初に違反したのはトランプ政権のほうだ。イラン核合意は、イランが核合意を順守することの見返りに、国連安保理、また米国がイランに対する制裁を解除することになっていた。イランの低濃縮ウランは、ロシアがつくったイランのブーシェフルの原発の燃料になってきたが、原発の燃料になるためには、三・五％の濃度が必要だが、核兵器に必要な九五％には遠く及ばない。

トランプ政権は核合意に違反して、イランへの制裁を強化した。イランだけでなく、イランの石油を輸入する国々の企業にも米国との取引を禁ずるという制裁をかけるトランプ政権の措置は、軍艦で海上封鎖を行い、石油輸出を阻止する姿勢と本質的には変わらない。

イラク戦争直前の二〇〇二年、米議会での証言でイスラエルのネタニヤフ首相は「イラクが核兵器開発を進めていることは疑いがない。仮にサダム・フセインが核兵器をもてばテロ・ネットワークもそれを手にすることになるだろう」と述べた。一九年七月一日、ネタニヤフ首相は、イランが核兵器を開発しているというより多くの証拠がもうすぐ明らかになるだろうと語った。彼はイラク戦争の時と同様な虚偽によって米国とイランの緊張を高めたい様子だが、国際社会には冷静な情報蒐集と判断が求められていることはいうまでもない。

長年の紛争を経たシリアやイラクとは違って、安定を保ってきたイランがかりに戦争という事態になれば、中東全域に混乱や不安定が拡大することになる。トランプ大統領は、イランを核兵器製造から遠ざけるイラン核合意から離脱して、イランの核を許さないと主張するように、その支離滅裂な政策によって、中東地域に深刻な混乱をもたらそうとしている。

トランプ大統領は一九年六月二九日、G20大阪サミットでサウジアラビアのムハンマド皇太子と会談し、サウジが米国製の兵器を購入することが米国の一〇〇万人分の雇用を支援し、サウジアラビアのテロ支援の疑惑を払拭することになると語った。トランプ大統領は、彼自身も、また世界も感謝していると語ったが、世界がサウジによる米国製兵器の大量購入に感謝しているとは到底思えない。

一九年四月、リビアの最高位イスラム法官である大ムフティーのサーディク・ガリヤーニー師はムスリムにメッカ巡礼（ハッジ）をボイコットするように呼びかけた。その理由は、巡礼でサウジ経済を潤すことは、米国製武器の大量購入や、それによるイエメン空爆、さらにシリア、リビア、チュニジア、スーダン、アルジェリアへの介入をもたらし、ムスリム同胞を殺害させることになっているというものだった。一八年八月、ユースフ・アル＝カラダーウィー国際ムスリム・ウラマー連盟会長も、メッカ巡礼に金を使うよりもムスリムは、空腹な者に食を与え、病気の者を癒やし、家のない者たちを庇護するほうが重要と説いた。

トランプ大統領は、カショギ氏殺害などのムハンマド皇太子の罪に目をつぶり、イエメン空爆を米国製兵器売却の好機と考えているのだろうが、イスラムの高位聖職者たちがムスリムの重要な義務であるハッジのボイコットを呼びかけた意味は重い。

第七章
戦争を望む同盟

サウジアラビア主導の連合軍による空爆で破壊されたイエメン、紅海沿岸のホデイダの工場。2018年７月27日（AFP＝時事）

民意より兵器産業の利益を重視するトランプ

中東地域のヘゲモン（覇権国）になるために米国の支援を期待するサウジアラビアだが、カショギ記者殺害事件を契機に米国でもサウジに対して厳しい目が向けられるようになった。特に米国議会が問題視しているのは、本書でも再三取り上げてきたサウジアラビア主導によるイエメン攻撃だ。

米国には戦争権限法があり、議会の戦争宣言がないままに大統領が軍隊を投入した場合、四八時間以内に議会に報告し、議会の承認がない場合は六〇日以内（必要がある場合には九〇日まで延長）に軍隊を撤退させなければならないと規定されている。戦争の遂行は、大統領と議会の共同での判断が求められているのだ。

二〇一九年三月一三日、米議会上院で、イエメンに軍事介入するサウジアラビアに対する米軍の協力停止を求める決議が成立した。民主党のバーニー・サンダース議員、ユタ州選出の共和党のマイク・リー議員たちが主導したのだが、一八年一一月に行われた中間選挙で上院の構成は、民主党が四七議席、共和党が五三議席となったのだから、上院で成立した意味は大きかった。

サンダース議員は、自身のウェブサイトで、世界で最悪の人道危機を招いているサウジアラビアを米国はもはや支援しないという意思が示されたと書いた。彼はイエメン紛争を終結させ、イエメンの人々を爆弾ではなく、食糧や人道支援で助けなければならないと訴えている。米国は朝鮮戦争、ベトナム戦争を議会の宣戦布告なしに開戦したが、他方で対テロ戦争のアフガニスタン、イラク攻撃は議会の承認をとりつけて行われた。

さらに米下院は、一九年四月四日、イエメン戦争で米軍が行っているサウジへの軍事支援の停止を求める決議案を賛成多数で可決した。賛成は二四七、反対は一七五で、与党共和党からも一六人が賛成に回り、これで上下両院とも決議を成立させることになった。

それでもトランプ大統領はこれらの決議が同盟国との関係を損なうと否定的な見解を述べたが、それは米国製兵器のサウジアラビアへの売却が滞るということだ。ストックホルム国際平和研究所によれば、二〇一三年から一七年にかけて米国製兵器の全輸出の一八％がサウジアラビア向けで、サウジが米国製兵器の最大の購入国という統計を明らかにしている。トランプ大統領は、議会の決定という米国の民意よりも兵器産業の利益を重視する。

米国は、トランプ大統領だけでなく、オバマ政権時代もサウジアラビアへの武器売却に熱心で、オバマ政権はその任期の八年間にサウジに一一〇〇億ドル相当の武器を輸出したと見られている。米国の軍需産業がサウジアラビアへの武器売却に積極的になる中で、一五年九月にフランシスコ法王は米議会で演説を行い、イエメン空爆を行うサウジアラビアへの武器売却を停止すべきだと語った。米国の内外でイエメン紛争の終結を求める声は明白に高まっている。

国境なき医師団（MSF）の記事（一九年三月二八日）によれば、MSFの医療施設も空爆で六回攻撃され、患者など二七人が犠牲になっている。モカ・コーヒーで有名なモカの病院では二〇一八年八月から一二月までの間に受け入れた患者の一八%が一五歳未満で、戦争は子どもたちなど非戦闘員の弱者に重大な困難をもたらすようになっている。

日本人の生活に直結する米国の対イラン制裁強化

米国やサウジアラビア、またイスラエルが意図するイラン封じ込めは、日本人の生活にも直結する問題となっている。二〇一九年春にガソリン価格の値上がりが続いていたが、その重要な背景にはトランプ米政権のイランに対する制裁強化に伴う原油価格の上昇があった。

米国トランプ政権は、イラン産原油の輸入禁止に関して、日本、中国、インド、イタリア、韓国などに対して行ってきた適用除外の措置を一九年五月一日から打ち切ることを四月二二日に明らかにした。この措置によってベネズエラ、リビア、ナイジェリアの政治的不安定で鈍ってきた世界の石油供給をさらに深刻にする可能性が考えられた。

トランプ米大統領は、イラン原油禁輸の埋め合わせは、サウジアラビアとUAEの増産によって可能になると豪語したが、しかしサウジなどOPEC諸国は、米国のシェール石油の生産と需要の縮小を考慮して、供給を増やすどころか、一九年になってその削減を行っている。一八年一二月にOPECとロシアを中心とするOPEC非加盟産油国一〇カ国は日量一二〇万バーレルの減産で合意し、サウジだけでもその後八〇万バーレルの減産を行った。

トランプ大統領はOPECに増産を呼びかけたが、まったく成功していない。サウジアラビアは米国の同盟国だが、石油政策については他のOPEC加盟国との協調のほうを重視し、OPEC加盟国は世界経済の行方が不透明な中で増産による石油価格の下落を望まない。

一九七三年の第四次中東戦争の際に、米国のイスラエル支援の姿勢にアラブの産油国が反発して、イスラエルに加担する米国とオランダに対して禁輸や原油減産という石油戦略を発動して世界の原油価格は一九七二年の平均二・四八ドルから一九七四年には一一・五八ドルと大きく上昇し、世界経済に大きな衝撃を与えた。

原油価格の上昇はガソリンなどの石油関連製品の値上げをもたらし、インフレを招くことになる。一九七三年の第一次石油ショックに伴うインフレは、日本の経済活動を抑制することになり、一九七四年度に日本経済は戦後初めてのマイナス成長になった。また、一九九〇年八月のイラクのクウェート侵攻によって、原油価格の高騰懸念で、株価が暴落し、バブル経済の崩壊に至った。

サウジアラビア当局はツイートで、二〇一九年四月二四日、「テロリスト」三七人を斬首刑にしたことを発表したが、そのうちの少なくとも三三人はシーア派の人物で、シーア派の国イランは米国がこの処刑に沈黙していることを非難した。処刑されたムジュタバ・アルスウェイカトは、二〇一二年、一七歳の時、米国の西ミシガン大学に留学しようとサウジアラビアのキング・ファハド国際空港から出発する際に、二〇一二年に民主化支持の集会に参加したという理由で逮捕・拘束され、四月二三日に処刑された。サウジアラビアは処刑後に彼が国内でテロリストの細胞をつくろうとしていたと処刑の理由を発表した。

石油政策ではトランプ政権の言いなりにならないサウジだが、反イラン・反シーア派では一致し、国内でもシーア派の反政府的動きには容赦ない姿勢を見せる。だが、あらためて米国の理想とする政治的価値観と合わないことを行っていることを見せつけた。

強硬な対イラン政策の中心人物

米国のポンペオ国務長官は二〇一九年五月一一日、ＣＮＢＣとのインタビューでイランがテロを煽り、不安定な国に武器を移転していると述べ、中東に混乱の種子を蒔《ま》いていると語った。

トランプ政権は、サウジアラビアやイスラエルの意向をくみ取り、イランに対する厳格な姿勢をますます強め、一九年になってペルシア湾岸地域の緊張はいやが上にも高まった。

しかし、ポンペオ国務長官の発言とは異なり、中東に混乱と暴力の種子を蒔き続けてきたのは米国のほうで、第四章などで述べたように、アフガニスタンには八〇年代にソ連軍と戦うムジャヒディン（イスラムの聖なる戦士）たちに大量の武器を供与し、アフガニスタンで戦ったアラブ義勇兵がアルカイダに発展していった。また、イラク戦争では「イラクのアルカイダ」を生み、それが現在でも世界各地でテロを起こすＩＳの活動となっている。イラクでは少なくとも一〇万人の市民が犠牲になった。

トランプ政権の強硬な対イラン政策の中心にいるのはボルトン補佐官で、イランの体制転換を主張してきた人物だ。彼はサウジアラビアやイスラエル、米国内の反イラン勢力の意を受けてイランとの戦争を思い描くようになり、米国は一九年五月になって中東に一二万人の兵力を展開するプランを策定中であることも報じられるようになった。

トランプ政権はイラン核合意から離脱して、イランに対する制裁を強化するとともに、イラン産原油の禁輸を断行し、さらにイランの軍隊である革命防衛隊をテロ組織に認定するなど故意に緊張をエスカレートさせているように見える。

ボルトン補佐官は、イラク戦争の際も国務次官として戦争を唱道したが、現在はイランに対する強硬政策の中心にいる。イランの悪辣なイメージをつくり上げることに躍起となり、イランの核の脅威を除くにはイランのアヤトラ（アーヤトッラー、高位聖職者）たちを排除することだと一五年に述べたこともある。

二〇一九年二月一一日のイラン革命記念日のビデオ・メッセージでは、イランのハメネイ最高指導者に向けて、今後それほど多くの革命記念日を祝うことはできないだろうと語りかけた。

戦争への夢想を語るボルトン補佐官

ボルトン補佐官は、その就任当初からイランとの対決を主要な政策課題としてきた。ケネス・マッケンジー米中央軍司令官は一九年五月八日、ボルトン補佐官と同調するように、米中央軍の活動する地域において最も重大な脅威であるのはイランであると述べた。

マッケンジー司令官は、イラクで死亡した六〇〇人の米兵に対する責任はイランにあると述べたが、その数字の根拠は示していない。イラク戦争とその後の米軍占領期にイランの軍隊がイラクで活動したことはない。シャナハン国防長官代行も同日、国防総省がイラン脅威に関して非常に信頼性の高い情報を得ていると議会で発言したが、これも具体的に何が脅威であるかについて説明されなかった。

「ワシントン・ポスト」はトランプ大統領がボルトン補佐官のベネズエラへの介入姿勢に不満をこぼしたと伝えた（一九年五月八日）。ボルトン補佐官はトランプ大統領に、ベネズエラの反マドゥロ大統領派は容易にクーデターを起こすだろうと述べたが、ベネズエラ軍部はマドゥロ大統領を支持する姿勢を見せている。トランプ大統領はマドゥロ大統領を「タフ・クッキー（しぶとい奴）」と形容した。

ボルトン補佐官は自分に都合のよい情報だけを集めてイランとの緊張を煽り、イランのネガティブなイメージを喧伝していて、トランプ政権にとっても制御不能なモンスターになりつつあるかのようだ。

ボルトン補佐官は、イランについてもサダム・フセイン政権の打倒と同様に、体制転換を構想している。彼はイランの反体制勢力ムジャヒディン・ハルクと協力関係にあり、イランのイスラム共和国体制を打倒し、ムジャヒディン・ハルクを政権の受け皿に考えているが、ムジャヒディン・ハルクにはイラン国内での支持基盤はまったくない。ムジャヒディン・ハルクの活動が活発であったのは、イラン革命後まもない時期で、イスラム共和国政府の抑圧によって、その拠点をサダム・フセインのイラクに求め、さらにフセイン政権が崩壊すると、欧米などで活動を継続しているが、軍事的能力はなく、政治集会を開いたり、米国政府にロビー活動を行ったりするのが精一杯のような組織だ。

ボルトン氏は、米国に敵対する国の体制転換のために軍事介入を唱えてきたが、二〇一六年一一月にも、「ブライトバート・ニュース」で、イランに対処する唯一の策はイスラム共和国体制を崩壊に導くことにあると述べた。二〇一五年七月のイラン核合意を前にしても、イランの核兵器開発を防ぐことができるのは、軍事行動しかないと述べ、さらに核合意成立後もイランの好戦的な行動がいっそう顕著になったと戦争への夢想を語っている。

イラクの人々はポンペオの嘘にだまされない

米国のポンペオ国務長官は、二〇一九年四月一〇日に米上院外交委員会で証言し、イランとアルカイダとは明白な関係があると述べた。

米国は二〇〇三年のイラク戦争の際にもサダム・フセイン政権とアルカイダが関係あると主張して戦争を正当化した。二〇〇一年の九・一一事件の実行犯一九人のうち一五人はサウジアラビア人であったにもかかわらず、米国は「対テロ戦争」と称して九・一一とは何の関係もないイラクに侵攻した。アルカイダやISなどスンニ派の過激集団は、イランが国教とするシーア派を異端視して、シーア派の宗教施設に対するテロ活動を行ってきた。

一九年二月にはイランのスィースターン・バルーチスターン州でアルカイダ系と見られる組織のテロがあり、イラン革命防衛隊の隊員少なくとも二七人が犠牲になり、また一八年九月には西部アフワズでＩＳによるテロが発生し、二五人が死亡した。

ポンペオ国務長官は、一九年五月七日にイラク・バグダッドを突然訪問し、イラクに駐留する米軍がイラン軍に襲撃される危険性を説いたが、これに対してイラクのマフディ首相は、イラク駐留米軍五〇〇〇人の兵士の安全についてはイラクが万全の態勢をとり、またイラン制裁については参加しない意向を明らかにした。

イラク政府は、イランとの通商による米国からの制裁を意に介さないようだが、そもそもイラン制裁強化自体が国連決議や国際法に基づくものではなく、トランプ政権による制裁はイラン核合意に違反するものである。

米国はイラク占領時代、シーア派の聖職者で武装集団の指導者でもあったムクタダ・サドル師をイランの傀儡《かいらい》だと見なしたが、主に都市やイラク南部の貧困層から成るサドル師の支持者たちは、イランのイラク政治への影響に反発していた。

サドル師は反帝国主義的性格をもち、一九年四月に、仮にイラクが米国とイランの論争に巻き込まれるようになれば、米国大使館を閉鎖し、米国をイラクから追放したほうがいいと語り、また米国がイランを攻撃すれば、サドル師の組織はイランを防衛するとも述べたことがある。サドル師はイスラム世界の大義を重んずる人物でもあり、米国の不当な戦争を経たイラクには排外的なムードも強くある。

ポンペオ国務長官は、イスラエルのネタニヤフ政権と親密な関係にあるとともに、イラン戦争による石油価格の高騰で莫大な利益を上げようとするコーク兄弟の支援を受けているが、彼らの姿勢はイランに対する攻撃を訴え続けるサウジアラビアの目標にもかなうものだ。

一九年五月一四日、サウジアラビアは中部リヤド県にある国営のサウジアラムコのポンプ施設が無人機による攻撃を受けたことを明らかにした。二日前の一二日には、やはりサウジアラビアなどの原油タンカーがUAE沖で「破壊攻撃」を受けた。米国の一部のメディアは、イランやイランの影響を受ける武装勢力が爆発物で攻撃したと報じるようになったが、総じて米国のメディアにはトランプ政権のイラン強硬策を非難する姿勢が乏しく、戦争への道を抑制することになっていない。

サウジアラビアのパイプラインのポンプ施設については、イエメンのホーシー派が攻撃声明を出した。一部のメディアではこれを「犯行」と表現しているが、サウジなどの有志連合がイエメンに対して行っていることのほうが重大な犯行である。五月一四日、ホーシー派のスポークスマンはテレビを通じて、七機の無人機でサウジの重要施設に攻撃をかけたという声明を出し、サウジやUAEが対イエメン政策を見直すように、これら二国に対して攻撃を拡大していく意図があると述べた。またスポークスマンはサウジアラビアやUAEがイランとの戦争を画策していると述べた。

米軍ではないイエメンの民兵集団が無人機を使用したことは未来の戦争形態を予感させ、人を殺すことにますます感情が絡まなくなるのではないかと思わせるホーシー派のサウジアラビアへの攻撃であった。

「シーア派の脅威」を強調

二〇一九年五月一五日、米国防総省は駐イラクの緊急性が低い業務に当たっている米国大使館員にイラク国外に退避するように指示を出した。米軍や米国の関係者や関連施設がイラン軍やイランの影響を受ける民兵組織から攻撃を受ける可能性があるからだというが、具体的な根拠を示していない。

ヒトラーは、チェコスロバキアのズデーテン地方のドイツ人が危険な状態に置かれていることを強調して、ズデーテン地方を併合し、第二次世界大戦に向かっていった。ゲッベルス宣伝相は「総力戦演説」（一九四三年二月）において「危険はすぐそばにあり、ドイツは素早く、迅速に決定しなければ、手遅れになる」と脅威を喧伝していった。

トランプ政権の脅威の強調は、アンヌ・モレリの『戦争プロパガンダ10の法則』（草思社文庫）の「われわれは戦争をしたくない」「しかし敵側が一方的に戦争を望んだ」などの章名を思い出すが、トランプ政権は明らかに一触即発の危機を煽っている。

トランプ大統領は、サウジアラビアと同様にイランを頂点とする「シーア派の脅威」を強調するが、イラクに駐留する米軍が守っているのはシーア派主体の政府であることに言及することはほとんどない。イラクの米軍はイラクのシーア派の政治家たちがＩＳと戦うことを支援してきて、その目標においてはイラン革命防衛隊と同じであることをトランプ政権は意図的に隠している。

トランプ大統領はイラン革命防衛隊を一九年四月に「テロ組織」と認定したが、国家の一機関を「テロ組織」と断ずるのは国際的な常識から逸脱している。それに応じて、イランが米軍を「テロ組織」と形容すると、トランプ政権はイランが「テロ組織」とした米軍を攻撃する可能性があると主張するようになった。トランプ政権による根拠なき「イラン脅威」を支持するのは、目下のところ、イスラエル、サウジアラビア、ＵＡＥなどごくわずかで、イラク戦争で米国と一体となり、米国と同様にサウジアラビアに武器を売却するイギリスもイラン核合意を支持し、イランとの戦争には加担する様子はない。

イランによる「イスラエル解体」は本気か

米国とイランの対立は過去の歴史に根ざした心理的な要因も大きい。トランプ大統領はイランが「米国に死を！」を唱える「おかしな国」であることを再三強調するが、イランにある反米感情は歴史的に形成されたものだ。

米国は、イランで一九五三年に民主的に選ばれたモサッデク首相の政権を、CIAを使って転覆し、国王の弾圧政治の装置である秘密警察のSAVAKの創設と発展に手を貸し、またイラン国民の福利とは関係のない米国製兵器を大量に売りつけた。

一九八〇年代には、イランに侵攻したサダム・フセインのイラクを軍事的に支援し、その化学兵器の使用を黙認、また八八年七月にペルシア湾でイラン航空六五五便が米海軍のミサイル巡洋艦ヴィンセンスによって撃墜され、乗員二九〇人が死亡した誤爆事故に対して米国は遺憾を表明したが、謝罪することはなかった。

筆者は二〇一二年五月に「nippon.com」に「日本のイラン政策に関する一考察」と題して次のように書いたことがある。

「中東和平が進展すれば、イランによる『イスラエル解体』の訴えは説得力を持たなくなる。イスラエルのネタニヤフ政権は、アラブ人が長く居住してきた東エルサレムに入植地を拡大しようとしているが、これには米国のオバマ政権も難色を示している。米国がイスラエルの国際法を破る行為を非難しているときこそ、日本も協力して新たな占領地の入植をやめるようにイスラエルに求めたらどうだろうか」

「イスラエル解体」は、イラン革命の指導者であるホメイニ師が唱えたものだが、イランが本気でそれを実現しようとしているとは到底思えない。ホメイニ師のアピールにはイスラムの聖地エルサレムに対するイスラエルの占領への抗議の意思が込められていた。拙稿を書いた二〇一二年から中東和平は進展するどころか、トランプ大統領がイスラエルの米国大使館をエルサレムに移転し、イスラエルがいっそうヨルダン川西岸の入植地を拡大させるなど大きく後退している。

ユダヤ人の平和観について前ロンドン・レオ・ベック大学学長ジョナサン・マゴネット氏は東京国際大学国際交流研究所のIIET通信（NO.49、二〇一六年三月）の中で次のように書いている。

「ユダヤ教はおおよそ二〇〇〇年もの間の大半で、異なる文化や宗教的伝統のなかで、いかなる具体的な権力も政治的な力ももたずに、各地で生き残ってきた少数派の信仰として存在してきた。政治的な歴史的結末として、帝国的な権力や野望といった課題や責務に対処しなければならなかった、キリスト教やイスラームの圧倒的な多数派としての文化とは好対照である。搾取と追放に苦しみ、究極的には根絶やしにされるかもしれないという危険を伴ったものの、ユダヤ教徒コミュニティに権力が不在だったことで、他に対して権力を行使したり、法を制定したりして、それを強制するといった現実に直面することなく、平和に価値を見出して平和を説き勧める一種の精神的な自由さがユダヤ人にもたらされた[*28]」

ユダヤ教が多数となったイスラエルはそれ自体に権力をもつことになり、イスラエルの法を他者（パレスチナ人）に強制し、イランに対する平和を説かなくなったということか。

「我らは神を信じ、我々に啓示されたものを、またアブラハムとイシマエルとヤコブと（イスラエルの）もろもろの支族に啓示されたものを、またモーセとイエスに与えられたものを、またすべての預言者たちに神から与えられたものを信じます。我らは、彼ら（使徒たち）の間に差別は致しません。我らは神に帰依し奉ります」

（クルアーン第二章一三六節）

軍事的圧力は「自殺行為」

トランプ米政権はイランに新たな核合意を求めているが、そのベースになるのは二〇一八年五月にポンペオ国務長官がイランに対して行った一二項目の要求だ。そこでは、ウラン濃縮の完全停止や国際原子力機関（IAEA）による全ての核関連施設の査察の受け入れ、弾道ミサイルの開発や、周辺国の武装組織への支援停止などが求められているが、核合意によってIAEAが査察を繰り返し、イランは核兵器開発からほど遠いことを確認している。

弾道ミサイルの開発はイランの自衛権の範囲だし、イランがミサイルでイスラエルやサウジアラビアを攻撃する兆候はまるでなく、米国を射程距離に収めるものでは到底ない。武装組織とはおそらくレバノンのヒズボラのことを指しているのだろうが、レバノンに対して国際法に反して大規模な軍事侵攻や占領を行ったのはイスラエルのほうだ。アルカイダやISなどの世界の脅威になっている武装集団に支援を行ってきたのは、米国の同盟国のサウジである。

ザリーフ外相は、米国がイランに対し軍事的圧力を強化していることについて、「米国にとってもイランにとっても利益はない。彼らにとって自殺行為だ」と述べた（NHKニュース)。

これもその通りで、米国がイラク戦争に三兆ドルを使ったと経済学者のジョセフ・スティグリッツはそのコストを見積もったが、仮にイラン戦争となれば、それ以上の莫大な軍事費や関連の支出があることだろう。イランに対する戦争は、国連決議も得られず、イラク戦争と同様に、国際的な支援にも著しく欠如することだろう。

イランはイラクのおよそ三・八倍の国土面積をもち、イラクの二倍以上の人口がある(世界銀行の二〇一七年の統計でイラクは三八二七万人、イランは八一一六万人)。米英軍は一五万人余りの兵力でイラク戦争を始めたが、それがきわめて不十分であったことはイラク戦争後の各地の混乱を見れば明らかである。

二〇〇三年二月、イラク開戦の直前にエリック・シンセキ陸軍参謀総長(日系人)は上院軍事委員会の公聴会で、旧ユーゴの紛争などの経験からイラクの戦後処理には「八〇万人」の米軍兵力が必要だと証言した。シンセキ参謀総長の見通しのほうがラムズフェルド国防長官より正しかったわけだが、イランには兵力五〇万人の軍隊のほかに、バスィージュ(動員)という一五〇万人の民兵組織がある。イランとイラクの面積比と、シンセキ氏の見積もりからはイラン占領には三〇〇万人以上の兵力が必要ということになるが、米軍の総兵力は一五〇万人余りだ。

米軍がイラク戦争以上の犠牲を強いられることは明らかで、アフガン戦争の北部同盟、イラク戦争のクルド人民兵組織のように、地上で米軍に協力する軍事勢力もない。

好戦的なサウジのメディア

二〇一九年五月一九日、サウジアラビアのムハンマド皇太子がオーナーである「アラブニュース」紙はイランを叩くことを米国に要求し、イランに懲罰を行わないことは許されないと論評した。サウジの石油施設やUAE沖のタンカーが襲撃されたことを受け、イランを決定的に罰する行動が必要だと訴え、またサウジ政府がイランの危険性を世界の指導者たちに再三強調してきたことを訴えた。イラン核合意はオバマ政権がイランの危険性を認識しない結果成立したものだし、イラン核合意からの離脱はイスラエルとサウジに促されてトランプ大統領が決定したものだと記事では紹介されている。

また、「アラブニュース」の記事は、ムハンマド皇太子がイランのハメネイ最高指導者を「中東の新しいヒトラー」と一七年一一月に形容したことを紹介し、ヒトラーに宥和政策が成功しなかったように、イランとの宥和もまた成功しないだろうと述べている。

こうした好戦的なサウジアラビア・メディアのトーンとは異なって、イギリスのハント外相は一九年五月一三日、偶発的な事件によって紛争が発生するリスクを恐れると、フランスとドイツの外相とともに、ブリュッセルで表明した。

米国内ではサウジアラビアやイスラエルが米国をイランとの戦争に引きずり込むことに警戒する論調もある。ドイツ外務省のイェンス・プレトナー政治分析官は、一九年五月二三日にイラン・テヘランでアッバース・アラグチ外務次官（元駐日大使）と会談し、イランが核合意にとどまるように説得した。

イランは米国以外の核合意の署名国に対して米国の制裁強化からイランを守る有効な策を見出すための二カ月の猶予を与えると五月初めに通告していた。またドイツ、イギリス、フランスは米国の制裁強化からイランを保護するために、一九年一月にフランスに本部を置く特別事業体（SPV）のINSTEX（貿易取引支援機関）を設立していた。

これはドルを介さずにイランとの金融取引や貿易ができる体制だが、イランが石油と外国製品を取引することができるバーター取引などを目指し、医薬品や食料などをイランに売却できることを目指した。それでもイラン経済が上向く様子がなく、イラン政府は国内からの突き上げもあって難しい状態に置かれているが、国際的な常識はヨーロッパやロシア、中国の側にあることは言うまでもない。

紛争が継続するイエメンでは、米国がサウジアラビアに売却する武器によって、抵抗できない子どもたちが日常的に殺害されている。それでもトランプ米大統領は、二〇一九年五月下旬、緊急事態であることを理由にサウジアラビア、UAE、ヨルダンの三カ国に八一億ドル（約八八〇〇億円）相当の武器売却を決定した。

トランプ大統領が訪日中に誇った一兆円余りのF35の売却には日本人の多くが過剰と感じたことだろう。しかし、サウジアラビアなど湾岸アラブ諸国に対する武器売却は日常茶飯事のようになっている。人口が一億人を超える日本でも一兆円の武器は納税者には過重な感じがするが、サウジは外国人労働者を除けば人口は二〇〇〇万人に過ぎない。無用とも思える大量の兵器を買うことでトランプ大統領を喜ばせるというのは日本とも共通しているようだ。

二〇一九年三月にユニセフが明らかにした統計ではイエメンでは一一三〇万人の子どもたちが人道支援を必要としていて、三六万人の五歳以下の子どもたちが重大な栄養失調状態にある。同じくユニセフは五月二四日にイエメン南西部のタイズでサウジアラビアと同盟する武装集団の攻撃で一二人の市民が犠牲になり、そのうちの七人が四歳から一四歳の子どもたちであったと発表している。

米国はサウジアラビアやイスラエルの意向を受けてB52爆撃機をペルシア湾岸に派遣したが、B52は一九五〇年代半ばに運用が開始され、ベトナム戦争でも絨毯《じゅうたん》爆撃を繰り返した。ニクソン政権は、一九七二年一二月一三日のパリでの和平交渉が物別れに終わった直後の一二月一八日から二九日まで「クリスマス爆撃」を行った。ニクソン大統領が北爆を強化し始めたのは、一一月七日の大統領選挙の直前からだった。

キッシンジャー国務長官は「平和は間近だ」と訴え、ベトナム和平を唱える民主党のジョージ・マクガヴァン候補に対抗しようとした。和平交渉の行き詰まりを背景に、ニクソン大統領はベトナムへの大規模爆撃を宣言し、クリスマス爆撃では一〇〇機以上のB52が出撃し、ハノイやハイフォンで無差別に二万トンの爆弾を使用する絨毯爆撃を行い、北ベトナム政府の発表によれば、一六〇〇人が犠牲になった。絨毯爆撃の間に北ベトナム政府は和平交渉を再開する意向を米国に伝えた。

一九七三年一月二七日に成立したパリ和平協定では、一九五四年のジュネーヴ協定の領土尊重などの諸原則と南ベトナム人民の自決権の尊重を前提にし、これを受けて米軍は三月二九日までに「名誉ある撤退」を行った。しかし、米国は北ベトナムが南ベトナムに介入することは予測していたに違いなく、その通りに七六年七月に北ベトナムの軍事力によってベトナムは統一されることになった。

米国が始める戦争には責任がないように思われ、嘘で始まった戦争は嘘で終わる。イラク戦争も三月一九日の開戦から四二日後の五月一日でブッシュ大統領は大規模戦闘終結宣言を行ったが、その後イラクは内戦の泥沼に陥った。ペルシア湾へのB52の派遣はイランを米国の主張に屈服させることが狙いだが、トランプ政権、イスラエル、サウジアラビアが主張するイランの核兵器開発の意図は「嘘」であり、また嘘の犠牲になる子どもたちが現れないことを願うばかりだ。

おわりに

サウジアラビアの安定性について、日本の投資家などから尋ねられる機会が多いが、それほどサウジの動静は日本経済と密接に関連しているのだろう。サウジは潤沢な石油生産がある国で、日本の全石油輸入の四割を同国が占める。サウジ社会が混迷に陥り、日本への石油輸出が滞るような事態は、ガソリンなど石油関連製品の価格上昇や株安を招くことになる。

サウジ情勢が日本に重大な影響を及ぼすことは、一九七三年の第四次中東戦争でサウジなどが中心になってアラブの石油戦略を発動し、一カ月あたり五%の減産をすることになり、日本への石油の流れが断たれるのではないかという懸念を招き、トイレットペーパーや洗剤がスーパーマーケットなどの店頭から消え、多くの日本人がパニックに陥ったことでも明らかだ。

一九八〇年代の後半から九〇年代初めにかけて日本はバブル景気にわき、土地価格は高

日本への原油輸出量の推移

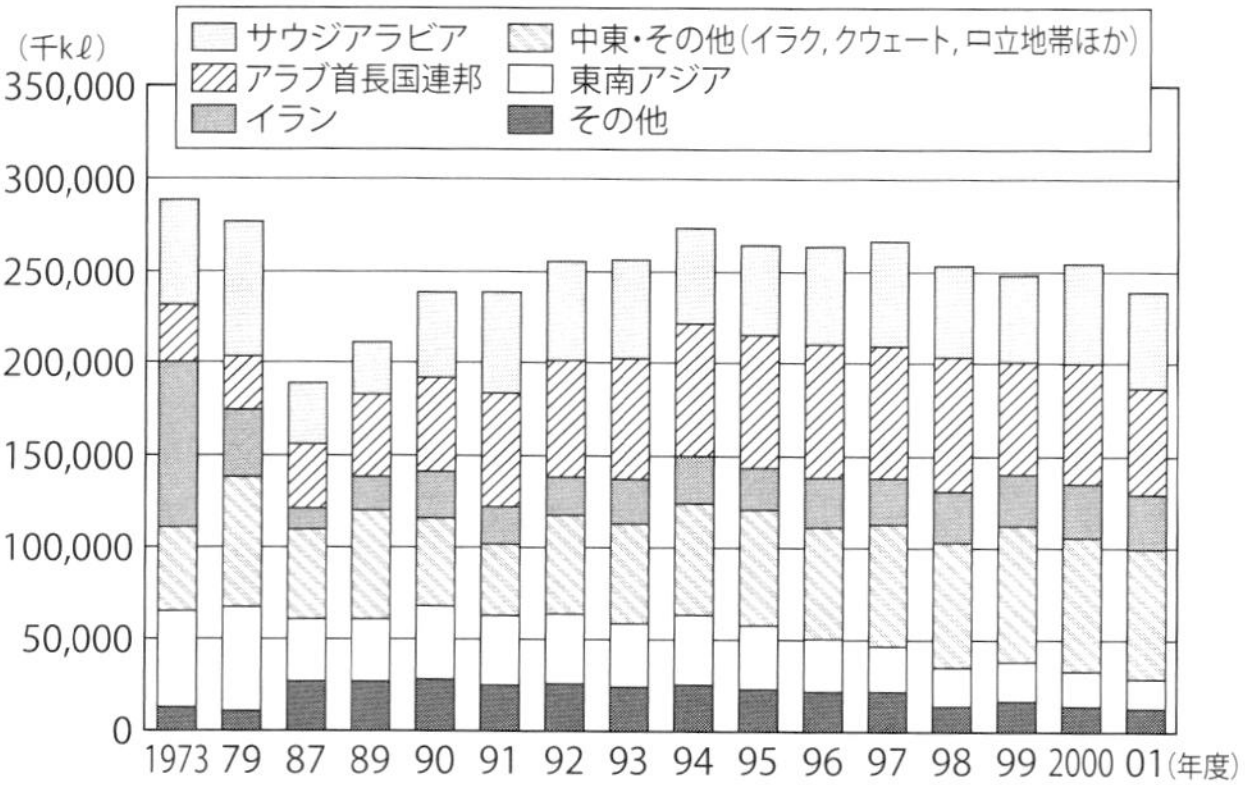

出典：日本エネルギー経済研究所計量分析部（編）EDMC／エネルギー・経済統計要覧（2003度版）

騰し、日本企業は国外不動産を買い漁り、海外旅行やディスコなどが盛況を呈するなど日本社会は浮かれた状態になったが、しかし九〇年八月にイラクがクウェートに侵攻し、サウジアラビアにまで攻め込むかもしれないという事態になると、石油価格が上昇し、株価が下落して、バブル崩壊に至った。日本が平成の時代に経済的に立ち直ることはなかったほど中東情勢は大きな影響を日本に及ぼした。

　イランの政治変動によりイラン原油の日本への輸出量が減少した時もサウジが補ってきた。七九年のイラン革命以前、日本の原油輸入の国別トップはイランだったが、革命を契機にサウジアラビアが一位となっていった。また、二〇〇二年にイランの核開発が明らかになり、イランに対する経済制裁が発動され、イランからの原油輸入に制限が加えられると、その埋め合わせとしてサウジからの輸入が増加していった。日頃、日本人はさほど意識していないが、このように中東情勢はわれわれの生活と関連するものだ。

トランプ米大統領の不合理な中東政策

トランプ米大統領が二〇一九年五月二五日に来日し、令和最初の国賓《こくひん》として迎えられた。二六日は安倍首相とゴルフ、大相撲観戦を共にして日米の「強固な関係」を訴えた。二七日は首脳会談を行い、天皇陛下と会見し、宮中晩餐会に臨んだ。さらに二八日は首相とともに海上自衛隊の護衛艦に乗り込んだ。イランとの緊張の高まり、また米中貿易戦争がある中で、安倍首相はトランプ大統領と親密な関係にあることを世界にアピールしたかったのだろう。

一八年七月にトランプ大統領がイギリスを訪問した際は、大規模な「ストップ・トランプ・デモ」が繰り広げられた。デモの呼びかけ人であるコラムニストのオウエン・ジョーンズ氏によれば、トランプ大統領は、「偏狭」「人種主義」「反ムスリム」「女性蔑視」など嫌悪すべきすべての価値観を表す人物で、彼が大統領でいることによって、イギリスです

アラブ諸国の米国に対する評価

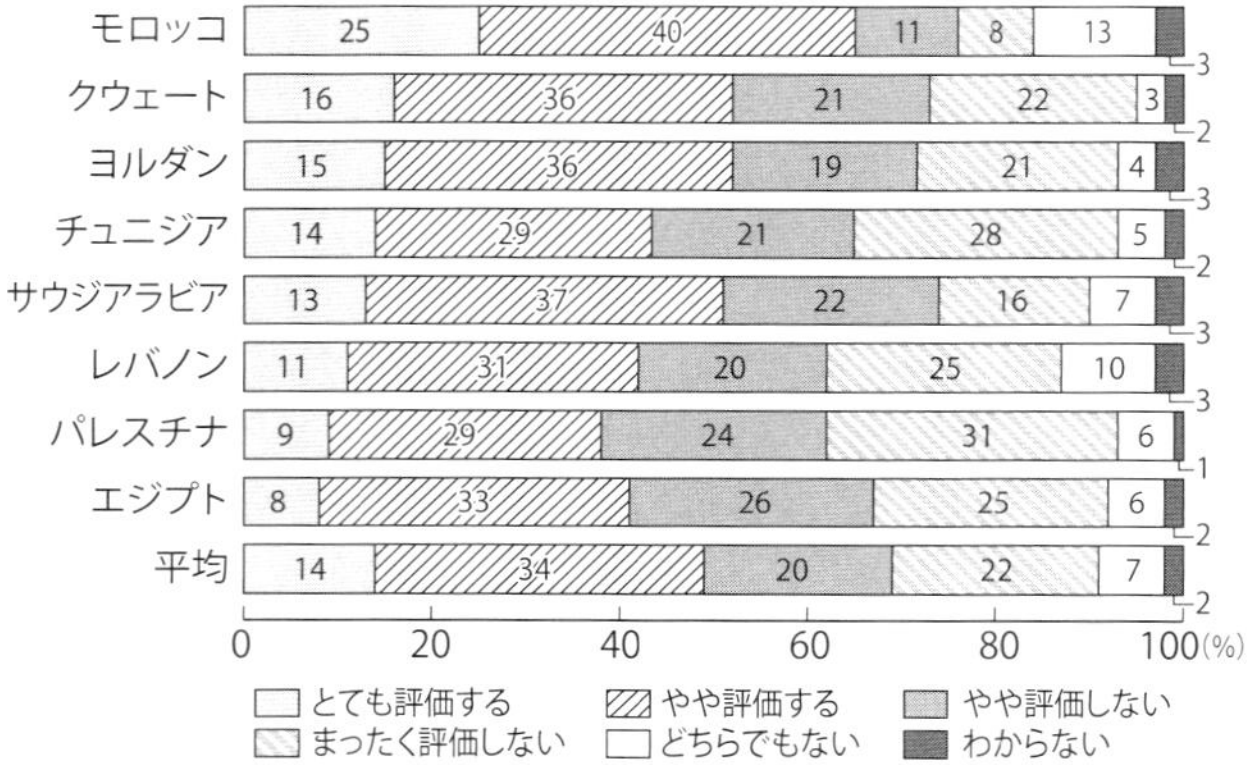

出典：アラブ・センター・ワシントンDCの調査（2017年10月発表）

ら極右の人種的ファシストが力を増幅させている。世論調査会社YouGovによれば、当時イギリスでは、七七%の人がトランプ大統領を好ましいと思っていなかった。二〇一九年一月のNHK世論調査では、日本でもトランプ大統領に悪い印象をもっている人が五四%で、良い印象の一八%を圧倒的に上回る。

　イギリスのデモのオーガナイザーが形容するように、トランプ大統領が「偏狭」で不合理な人物であることは、その中東政策をごく客観的に見ても明らかだ。トランプ大統領は制裁強化でイラン経済を崩壊に導き、イランを米国の同盟国であるサウジアラビアやUAEに屈服させ、イラク、シリア、レバノンをこれらの国の影響下に置き、イランにパレスチナ支援を止めさせることを考えている。これらは中東の安定化とは逆のベクトルに働くものだ。

一八年七月に「ミドルイースト・アイ」が公表したアラブの世論調査では、八七％の人々がトランプ政権の対パレスチナ政策に否定的見解をもち、二〇一七年一〇月にアラブ・センター・ワシントンDCが発表したアラブ諸国の世論調査でも、トランプを好意的に見ていない人のほうが圧倒的に多い。

中東イスラム世界からひどく否定的に見られるトランプ大統領とあまりに親密な関係を示すことは日本人の安全にも影響することを懸念する。スリランカ・テロの首謀者と見られた人物が演説する画像には米国と同盟する国々の国旗が背景にあったが、その一つは日本の旗だった。

「ペルシア人」が記録に残る最初

二〇一九年五月二五日に来日したトランプ大統領は、出発前にホワイトハウスで記者団に対して、約二〇〇年ぶりの天皇の生前退位後の初の国賓として迎えられることを意識して、「私だけが賓客だ」と述べた。また、出発を前に「米国を代表して、天皇陛下にお会いできるのを楽しみにしている。友人である安倍首相とは貿易や軍事について話し合う」

とツイートした。ここで言う「軍事」とは、北朝鮮の脅威についてなのか、それとも防衛装備品をもっと買えということなのか、いろいろ想像はできるが、世界の緊張や対立は米国の軍需産業の利益になることは間違いない。

第七章で述べたように、訪日直前の五月二四日、トランプ大統領は議会の承認を経ずに、「イランの脅威」に対応するために、サウジアラビア、UAE、ヨルダンのアラブ三カ国に対して八一億ドル（約八八〇〇億円）規模の武器売却を決定した。ペルシア湾岸地域の緊張や「イランの脅威」をつくり出しているのはトランプ政権である印象があり、その緊張が米国の軍需産業にとっては有利に働いている。議会はイエメンの人道危機をもたらしているサウジアラビアやUAEに対する武器売却については慎重になっているが、武器輸出管理法では緊急事態には議会手続きを省けるという条項があるのをトランプ大統領が利用した。

トランプ政権は、イランがペルシア湾岸や肥沃な三日月地帯への地理的近接性を不当に利用して開拓し、他国への介入を行っていると主張する。しかし歴史的に見れば、イランのペルシア人は、紀元前一〇〇〇年頃にイラン高原にやって来ている。アッシリア王シャルマネセル三世の紀元前八四三年の碑文に「パルスア（Parsua）」という名前が刻まれているが、これが「ペルシア人」が記録に残る最初である（『平凡社 世界大百科事典』より）。

一九年五月二四日、トランプ政権は中東に一五〇〇人の米軍の増派を決定した。イランが米軍を攻撃するという客観的様子はなく、米軍はカタールのアル・ウデイド基地に一万人の兵力を常駐させ、またバーレーンには第五艦隊の基地がある。イランの海軍は兵力一万八〇〇〇人程度の駆逐艦や潜水艦、あるいはミサイル艇が主体で、米海軍の戦力には遠く及ばないし、さらにクウェートに一万人の米軍が駐留している。またシリアのクルド地域には二〇〇〇人、イラクには五〇〇〇人規模の米軍が活動するが、イランの脅威を受けている様子はない。一五〇〇人の増派は政治ショーと言ってもよく、イランの脅威を切実なものとして受け止めている様子はない。

トランプ政権が緊張を煽り、武器売却を推進する中東地域は私たちの東アジアにも教訓を与えているような気がする。日本は米国が強調する脅威については慎重に構えたほうがいいことはいうまでもない。

胆力が試される日本の中東外交

トランプ米大統領は二〇一九年五月二七日、日米首脳会談の冒頭で、「安倍総理がイランとの良い関係を築いていることは知っているので、どうなるのか見てみたい。このことについて、すでに安倍総理と議論している。イランもわれわれと話したがるかもしれないし、我々もイランが話す用意があればそうしたい。誰もひどいことが起こるところを見たくないし、特に私はそれを望んでいない」と述べたそうだ。会談の冒頭で述べたということはイラン問題を相当気にかけているということか。トランプ大統領は本音では莫大な資源を要するイランとの戦争をやりたくないのだろう。

二〇一九年六月、安倍首相がイランを訪問して、仲介的な役割を果たそうとしても、米国、イラン双方を満足させる材料は非常に少ないことが予想された。米国がイラン核合意に復帰することが、一番筋が通っているが、米国内の情勢を見ると、難しいという印象だ。トランプ大統領は翌年の選挙を見据えて、イスラエルの利益を擁護する親イスラエル・ロビーや、イスラエルの利益を守ることがイエスの復活を早めると本気で考える福音派の意向に応じることを意図している。

米国が現在イランに要求するテロ支援の停止など、停止したことを証明するのが非常に困難だ。いったいどうすれば、テロ支援をやめたと認めるのだろうか。トランプ政権はイランに弾道ミサイルの開発停止も求めているが、米国の同盟国のイスラエルは弾道ミサイルを保有し、サウジアラビアもその開発を推進している。イランにだけ弾道ミサイルの開発停止を求めるのは不公平に思えるし、イランが開発していてもイスラエルなどに対抗する自衛的行為と言える。

大統領はイランとの戦争を望んでいなくても、彼の周辺は違うだろう。ボルトン補佐官はずっとイラン戦争を提唱してきた人物だ。超大国の米国の資源を考えてもイランに対する全面戦争は不可能に思えるが、限定的な軍事行動は視野に入れているかもしれない。しかし、限定的な介入を米国は一九九〇年代にイラクに対して数次にわたり行ったが、それが不当な干渉とイスラム世界では見なされ、アルカイダなど過激な武装集団の勢力伸長をもたらした。米国は過去と同じ失敗の道を歩むのか。

日本にはトランプ政権の対イラン政策と一体とならないことが求められている。米国の中東政策に同調したことで、日本人もテロに巻き込まれるようになってきた。米国とイランの仲介でも米国の利益ではなく、安全保障や経済的メリットなど日本国民の利益を最優先させて臨むことが求められていることはいうまでもない。日本の中東外交にはそういう胆力を備えてほしいと思っている。

「黒い同盟」の不合理なからくり

それは、サウジアラビアとの関係にも言えることで、米国とイランとの軍事的緊張が、本書で見てきたように、イスラエルを含むサウジと米国の特殊な同盟関係を背景にしていることを日本はよく知るべきだ。

サウジアラビアが奉ずるワッハーブ派のイデオロギーは、「異端」に対する不寛容な姿勢で知られてきた。一九八〇年代から九〇年にかけて、サウジアラビアの思想的影響を受けるアフガニスタンのスンニ派のムジャヒディンは、シーア派を異端視してシーア派のムジャヒディン・グループを軍事的に壊滅しようと躍起になり、アフガニスタン内戦の悲劇や徹底的な破壊をもたらした。また、イラクやシリアのISは、ヤジディ派の人々を邪教の民として嫌い、その信徒の女性たちを誘拐して市場で売りさばくなど、その行為は世界的な批判にさらされた。

二〇一八年のノーベル平和賞は、ヤジディ教徒のナディア・ムラド・バセ・タハに与えられた。二〇一四年にイラク北部のヤジディ派の主な町がISに占拠されると、三〇〇〇人余りの女性たちが「性奴隷」になったが、ナディアはそのうちの一人である。彼女の兄弟六人と母親は同じにISによって「処刑」された。

ヤジディ派を構成するのは民族的には「クルド」の人々だが、ISはクリスチャン、ユダヤ教徒、シーア派など異なる宗教や宗派の人々を敵視し、また自らの世界観と合わないスンニ派まで暴力の対象とした。ヤジディ派は一二世紀にレバノンのイスラム神秘主義の指導者シャイフ・アディ・イブン・ムサフィール・アル・ウマウィー（一一六二年没）によって創始され、クルド人の民間信仰と宗教的儀礼にイスラム的性格をもたせることが図られた。

ＩＳはヤジディ派の女性たちを性奴隷とすることで、その支配下における民族浄化を図り、ヤジディ派の人々の間に恐怖を植えつけ、力による支配を目指した。もちろん、こうしたＩＳの行為は女性や子ども、老人など弱い立場にある人々の保護を説くイスラムの教義と相容れるものではなく、彼らのイスラム解釈がいかにゆがんでいるかはこの一事からもうかがえるが、その背景としてサウジアラビアのワッハーブ派のイデオロギーがある。

過激派は、ワッハーブ派の創始者アブドゥル・ワッハーブと同様に、イスラム神秘主義（スーフィズム）の寺院を攻撃するようになった。神と人間の合一を修行によって目指すイスラム神秘主義は教団の指導者たちを崇拝するためにイスラムの原点回帰を目指しており、神のみが信仰の対象であるとする過激派の攻撃の対象となってきた。過激なワッハーブ派とイスラム神秘主義の関係は、厳格なプロテスタントがカトリックの神と人の仲介を行う聖者の存在や活動を否定してきたことと同様なのかもしれない。

サウジアラビアは、イエメン空爆に毎月五〇億ドルから六〇億ドルを費やしているとも見られるが（「アトランティック」の記事）、サウジの人口の七割が三〇歳以下という状態を考えると、産油国といえども、戦争に多額の資金を使う一方で、経済状態が上向かなければ、若年層の政治への不満が高まる可能性も否めない。二〇一八年の第１四半期にはサウジの失業率は一二・八％という数字も出た（ロイター）。

サウジアラビアはイランのアラブ地域への介入を望まないが、米国のアラブ地域への介入は受け入れる政策をとってきた。それは一九九〇年にサダム・フセインのイラクがクウェートに侵攻すると、米軍駐留を受け入れたことにも見られ、サウジはイランに対抗するために米国の軍事力に頼り、また米軍の活動に協力することも行ってきた。

二〇一一年に米国のドローンは、イエメンのAQAP（アラビア半島のアルカイダ）の指導者アンワル・アウラキーを殺害したが、その際にサウジアラビアは米国にドローンの基地を提供した。米国のドローンの基地はセイシェル諸島、エチオピア、アフガニスタン、ジブチにあったが、サウジが基地を提供することによって、米国のドローンの活動範囲はさらに広がることになった。しかもトランプ政権がドローンで攻撃するのはイスラム系諸国ばかりで、いっそうイスラム世界と欧米の対立構造を強め、それにイスラムの盟主を自任するサウジアラビアが協力している。

本書で見てきた通り、サウジアラビアと米国は武器売買を介して強いつながりをもち続けてきた。米国政府はその莫大な経済的利益を得るために、サウジの人権侵害、過激派集団への支援、さらには人道危機を発生させているイエメン空爆など、この国の暗部を黙認し、サダム・フセインのイラクの打倒やイランをはじめとするシーア派を敵視する政策など中東の対立を煽ることを支援し、そのための軍事行動もとり続けている。この「同盟」の不合理なからくりを知ることは、安保法制で米国との集団的自衛権を成立させた日本にとって米国の戦争に協力するかどうかの判断材料となるだろう。日本は米国の、特に中東での戦争を冷静に見つめてほしいと思っている。

出典一覧

はじめに

＊1　さいとう・たかを語る『ゴルゴ13』中東の大使館から抗議 https://smart-flash.jp/entame/56224

第一章

＊2　（グローバルノート、国際統計・国別統計専門サイト「世界の原油［石油］生産量 国別ランキング・推移」二〇一九年六月一七日）https://www.globalnote.jp/post-3200.html

＊3　https://www.telesurenglish.net/news/Yemeni-Death-Toll-From-Saudi-led-War-in-Five-Times-Higher-Than-Previously-Reported-Study-20181027-0012.html

第二章

＊4　Bruce Riedel, "Saudi Arabia: Nervously Watching Pakistan," *Brookings*, January 28, 2008 https://www.brookings.edu/opinions/saudi-arabia-nervously-watching-pakistan/

＊5　Michael Gillard, "Adnan Khashoggi obituary," The Guardian, June 7, 2017

＊6　https://www.independent.co.uk/news/long_reads/adnan-khashoggi-dead-saudi-arms-dealer-playboy-pleasure-wives-billionaire-lifestyle-wealth-profit-a7778031.html

＊7　Federation of American Scientists, "Saudi Arabia," March 2002 https://fas.org/asmp/profiles/saudi_arabia.htm#sophisticated

第三章

＊8 https://pdfs.semanticscholar.org/36a9/b9fb7bf53e4771f4dd1d3fc530575f5a775c.pdf

＊9 Bob Woodward, Veil: The Secret Wars of the CIA, 1981-1987, NY: Simon and Schuster, 1987

＊10 Jonathan Marshall, Peter Dale Scott, and Jane Hunter, "The Iran-Contra Connection: Secret Teams and Covert Operations in the Reagan Era"

第四章

＊11 Patrick Cockburn, "Saudi Arabia, 9/11 and the Rise of ISIS," *Counter Punch*, September 15, 2014

＊12 https://www.theepochtimes.com/secret-28-pages-on-alleged-saudi-ties-to-911-released_2116801.html

＊13 Robert Scheer, *The Pornography of Power: How Defense Hawks Hijacked 9/11 and Weakened America*, Twelve, 2008

＊14 バンダル王子、二〇〇一年九月のインタビュー https://www.pbs.org/wgbh/pages/frontline/shows/terrorism/interviews/bandar.html

＊15 https://www.theatlantic.com/international/archive/2014/06/isis-saudi-arabia-iraq-syria-bandar/373181/

＊16 Wayne Madsen, "'Bandar Bush' is back calling the shots on ISIL's advance through Iraq," *Intrepid Report*, July 7, 2014

＊17 https://www.salon.com/2016/10/11/leaked-hillary-clinton-emails-show-u-s-allies-saudi-arabia-and-qatar-supported-isis/

＊18 https://www.huffpost.com/entry/following-the-money-in-us_b_719562

＊19 https://www.counterpunch.org/2013/09/06/when-war-is-swell-the-carlyle-group-and-the-middle-east-at-war/

＊20 https://www.theguardian.com/media/2004/mar/31/pressandpublishing.saudiarabia

＊21 http://www.ipsnews.net/2007/04/finance-questions-linger-about-bushes-and-bcci/

＊22 http://www.mafhoum.com/press2/65Safp.htm

＊23 http://www.bevin.de/usa/index0.php?page=2090923317.htm

＊24 http://www.historycommons.org/context.jsp?item=a081396unocaldeltaoil

第五章

＊25 https://fpif.org/wikileaks_saudi-financed_madrassas_more_widespread_in_pakistan_than_thought/

＊26 https://www.thenews.com.pk/print/310296-the-defence-budget

第六章

＊27 https://oversight.house.gov/sites/democrats.oversight.house.gov/files/Trump%20Saudi%20Nuclear%20Report%20-%202-19-2019.pdf

第七章

＊28 (「宗教間対話と平和的共存に対するユダヤ教の貢献（"Jewish contributions to interfaith dialogue and peaceful co-existence" の邦訳）」 https://www.tiu.ac.jp/iiet/rifs_t/iiet49.pdf

【著者】
宮田律（みやた おさむ）
1955年山梨県生まれ。現代イスラム研究センター理事長。83年慶應義塾大学大学院文学研究科史学専攻修了。米国カリフォルニア大学ロサンゼルス校（UCLA）大学院修士課程（歴史学）修了。専攻はイスラム政治史、国際政治。『現代イスラムの潮流』（集英社新書）、『中東がわかる8つのキーワード』（平凡社新書）、『物語 イランの歴史』『中東イスラーム民族史』（いずれも中公新書）、『石油・武器・麻薬』（講談社現代新書）、『イスラムの人はなぜ日本を尊敬するのか』（新潮新書）、『ナショナリズムと相克のユーラシア』（白水社）など著書多数。

平凡社新書921

黒い同盟 米国、サウジアラビア、イスラエル
「反イラン枢軸」の暗部

発行日――2019年9月13日 初版第1刷

著者――宮田律
発行者――下中美都
発行所――株式会社平凡社
東京都千代田区神田神保町3-29 〒101-0051
電話 東京（03）3230-6580［編集］
東京（03）3230-6573［営業］
振替 00180-0-29639
印刷・製本―図書印刷株式会社
装幀――菊地信義

ISBN978-4-582-85921-8
NDC 分類番号319.27 新書判（17.2cm） 総ページ272
平凡社ホームページ https://www.heibonsha.co.jp/

平凡社新書　好評既刊！

282 中東がわかる8つのキーワード　宮田律
「水と環境」「分離壁」「核」などの重要キーワードから中東イスラム社会を読む。

622 エジプト革命　アラブ世界変動の行方　長沢栄治
長年の専制が崩壊したエジプト。多くの革命に刻まれたその現代史を検証する。

643 イスラエルとは何か　ヤコヴ・M・ラブキン　菅野賢治訳
極端な国家主義としてのシオニズム。国際的に形成された欺瞞の歴史を明かす。

644 シリア　アサド政権の40年史　国枝昌樹
前大使としてシリアを知り尽くした著者が、「中東の活断層」を解剖する。

669 現代アラブ混迷史　ねじれの構造を読む　水谷周
中東はなぜ分かりにくいのか？　素朴な疑問に答える、アラブ理解に必読の書。

682 イスラーム化する世界　グローバリゼーション時代の宗教　大川玲子
人種差別からジェンダーまで、世界共通の問題に立ち向かうムスリムの姿に迫る。

725 ゾルゲ事件　覆された神話　加藤哲郎
崩壊した伊藤律スパイ説。革命を売ったのは誰だったか。新資料を軸に追跡する。

729 中国の愚民主義　「賢人支配」の100年　横山宏章
エリート支配の根底にあるものとは何か。中国特有の「愚民主義」の視点で検証。

平凡社新書　好評既刊！

845
中国人の本音
日本をこう見ている
工藤哲
5年にわたって北京に滞在した特派員が民衆の対日感情に肉薄したルポ。

855
ルポ　隠された中国
習近平「一強体制」の足元
金順姫
権力集中の足元で何が起きているか。朝日新聞記者が知られざる大国の姿を描く。

865
一神教とは何か
キリスト教、ユダヤ教、イスラームを知るために
小原克博
唯一神を信じるとはどういうことか。世界人口の過半を占める三つの宗教を知る。

870
テレビに映らない北朝鮮
鴨下ひろみ
不機嫌な独裁者は何を見据えているか。長年の取材をもとに描くこの国の断層。

882
ヒトラーとUFO
謎と都市伝説の国ドイツ
篠田航一
ヒトラー生存説、ハーメルンの笛吹き男など、自己増殖する都市伝説を追跡する。

885
日航機123便墜落　最後の証言
堀越豊裕
撃墜は果たしてあったのか。日米双方への徹底取材によって、論争に終止符を打つ。

888
カラー版　絵はがきの大日本帝国
二松啓紀
三九〇点の絵はがきコレクションを道標に、大日本帝国の盛衰を一望する。

889
象徴天皇の旅
平成に築かれた国民との絆
井上亮
天皇、皇后両陛下の旅の多くに密着してきた記者による異色の見聞記。